自治体議会政策学会叢書

政策法務の
レッスン
―戦略的条例づくりをめざして―

松下 啓一 著
（大阪国際大学教授）

イマジン出版

目　　次

はじめに …………………………………………………………… 7

第1章　政策法務の基礎理論 ………………………………… 9

1. 政策法務度チェック ………………………………………… 9
　　設問──ある事例から ………………………………………… 9
　　法務マン・政策マン ………………………………………… 10
2. 政策法務の基礎理論 ………………………………………… 13
　(1) 政策現場から ……………………………………………… 13
　　　私の条例づくり …………………………………………… 13
　　　2勝1敗1途中退場 ………………………………………… 14
　　　条例づくりの難しさ、易しさ──私の4条例から ………… 15
　　　レッスンの必要性 ………………………………………… 18
　(2) 政策法務の定義 …………………………………………… 19
　　　政策法務の定義から ……………………………………… 19
　　　法務とは何か ……………………………………………… 21
　　　政策とは何か ……………………………………………… 22
　　　政策法務の定義 …………………………………………… 23
　(3) 自治体法務 ………………………………………………… 23
　　　自治体法務とは …………………………………………… 23
　　　自治体法務と政策法務との関係 ………………………… 25
　(4) 法制執務 …………………………………………………… 25
　(5) 政策法務ブームの背景 …………………………………… 28
　　　地方分権の推進──条例制定権の広がり ………………… 28
　　　前奏としての要綱行政 …………………………………… 30
　　　法律の限界 ………………………………………………… 32

(6) 政策法務否定論 …………………………………………… 33
　　法の強要性を強調する立場 ………………………………… 33
　　強要性にこだわらなくてもよいのではないか …………… 34
3. 政策法務の内容 ……………………………………………… 35
(1) 自治立法 …………………………………………………… 36
　　実践的な意味 ………………………………………………… 36
　　条例と規則の選択 …………………………………………… 36
　　政策形式としての条例の優位性 …………………………… 38
(2) 自治解釈 …………………………………………………… 39
(3) 争訟法務 …………………………………………………… 40
(4) 国法変革 …………………………………………………… 41
4. 政策法務の論点──法律の範囲内 ………………………… 42
(1) 法律の範囲内 ……………………………………………… 42
　　判例・実務の積み上げ ……………………………………… 42
　　上乗せ・横出しをめぐって ………………………………… 44
　　法律の範囲内を超える理論的試み ………………………… 46
(2) 自治体の法務能力 ………………………………………… 47
　　国の法務能力 ………………………………………………… 47
　　自治体の立法・解釈が正当とされる場合 ………………… 48
5. 政策法務の展望と課題 ……………………………………… 49
(1) 多様な政策手法のひとつ ………………………………… 49
(2) 政策プロセスからみて …………………………………… 50
(3) 政策の総合性のなかで──法務の位置づけ …………… 50
(4) 議会との関係を変える …………………………………… 55
(5) 法治主義からの批判 ……………………………………… 56

第2章　政策法務のレッスン ………………………………… 59

1. レッスンの受け手──自治体職員像 ……………………… 59
　　礒崎教授の3分類 …………………………………………… 59
　　私の4分類 …………………………………………………… 60

第3のタイプへの道筋	………………………………………	62
2．法務の基礎レッスン	………………………………………………	64
(1) 基礎レッスン	…………………………………………………………	64
ポイント1．法務に慣れる	…………………………………………	64
ポイント2．メリットを実感する	…………………………………	66
ポイント3．法律を乗り越える技術	………………………………	68
(2) 設問では	………………………………………………………………	70
現況を調べる	…………………………………………………………	70
対応の現況を調べる	…………………………………………………	71
現行法を調べる	………………………………………………………	72
対応表をつくる	………………………………………………………	72
撤去までの手続き	……………………………………………………	74
隙間を埋める条例	……………………………………………………	75
3．戦略性のレッスン	……………………………………………………	78
(1) なぜ戦略性なのか	……………………………………………………	78
地方政府としての自治体	……………………………………………	78
国の政策・社会経済システム変革の担い手として	……………	79
(2) 戦略性のレッスン	……………………………………………………	80
ポイント1．背景・原因を押さえる	………………………………	80
直接的な原因と対処	…………………………………………………	80
根本的な原因と対処	…………………………………………………	82
ポイント2．政策選択の視点を決める	……………………………	86
ポイント3．橋頭堡をつくる	………………………………………	87
ポイント4．相手が乗れる法的構成を考える	……………………	89
ポイント5．他自治体への波及を戦略する	………………………	90
ポイント6．都市間で連携する	……………………………………	93
ポイント7．国と連携する	…………………………………………	94
対峙から協働へ	………………………………………………………	94
全国化のメカニズム	…………………………………………………	95
ポイント8．見直しを行う	…………………………………………	96

ポイント9．首長のリーダーシップ……………………………… 97
　　ポイント10．次の時代を展望する ……………………………… 98
　4．市民化のレッスン ……………………………………………… 99
　（1）必要性 ………………………………………………………… 99
　　政策法務の権力性 ………………………………………………… 99
　　市民が参加しないと法務がつくれなくなった ……………… 100
　　自治体の強みは何なのか ……………………………………… 101
　（2）市民化のヒント …………………………………………… 102
　　公共共担論から ………………………………………………… 102
　　NPO法の制定から学ぶこと …………………………………… 103
　（3）市民化のレッスン ………………………………………… 106
　　ポイント1．立法技術の開放 ………………………………… 106
　　ポイント2．市民意思の統合 ………………………………… 107
　　ポイント3．立法過程の開放 ………………………………… 108
　　ポイント4．共同行動 ………………………………………… 109
　　ポイント5．立法実施の開放・参加 ………………………… 110
　　ポイント6．立法評価の開放・参加 ………………………… 111
　　ポイント7．市民・NPOの支援 ……………………………… 112

おわりに──条例を書いてみよう ………………………………… 113
著者紹介 ……………………………………………………………… 114
コパ・ブックス発刊にあたって ………………………………… 115

はじめに

　政策法務がブームである。そのブームの余波で、私などにも政策法務研修の講師役が割り振られることがあるが、その度に、私は悩ましい気持ちに苛まれてしまう。
　正直に告白すると、私は基礎自治体で、長い間、政策づくりを担当し、条例づくりも何度か経験してきたが、政策づくりにおいて、法務が大きな位置を占めたという場面をなかなか思い出すことができないのである。条例づくりで思い出すのは、事業者や行政内部の関係者と行った調整（より正確に言えば、説得、強談、懇望……）の場面ばかりで、私にとっての条例づくりとは、仕組みづくり（条文づくりではない）と利害関係者の調整（法律との整合性ではない）である。政策法務には今ひとつリアリティが感じられないのである。
　もうひとつ、私が政策法務に及び腰になるのは、政策法務に潜む権力性のにおいである。むろん、政策法務を主唱する人が、そんな気持ちを持っていないことは十分承知しているが、法務をもって国の法律に対峙していこうというベクトルが、知らぬ間に市民に向かっていく危うさを感じてしまうのである。うまく説明できないが、自治体とはそういう危うさを持っている組織だからである。
　むろん、こうした感想や思い込みは、私の出自—自治の現場から距離のある国や都道府県の職員でも、また机上で自治を考える研究者でもなく、基礎自治体の政策現場で育ったということ—が影響しているのかもしれな

い。その意味で、多数を占める感想ではないかもしれないが、「現場の刑事（デカ）の経験とカン」は捨てたものではないと思う。

　本書は、以上のような問題意識を踏まえて、もうひとつの政策法務を考えようという試みである。政策法務のテキストという目的を維持しつつ、これまであまり議論がされてこなかった政策法務の戦略性と市民性に力点を置いて書いたものである。自治の政策現場で最も欠けているのが戦略性であり、今後ますます重要になるのが市民性である。これを政策法務の分野にも取り入れることで、政策法務が権力性の呪縛からまぬがれ、自治体政策にとってより有用な道具になると考えるからである。

第１章　政策法務の基礎理論

 政策法務度チェック

■設問―ある事例から■

　　　　　これはある新聞記事をヒントにつくった事例である。これを読んで、どんな条例が必要なのかを考えてほしい。

一晩で３件の放火

　Ａ市Ｂ町では、今年の３月、一晩で３件の放火事件が発生した。

　路上に放置された自動車が燃やされ、消防自動車が

出動する騒ぎとなった。Ｂ町では、ガラスが割れ、タイヤが外れた自動車が、雑木林や竹やぶのわきに放置されている。タイヤやカーステレオは持ち去られ、割れた窓からはごみが積み込まれている。４、５年前から放置自動車が目立つようになった。「処理費用が惜しくて捨てるケースが多いでは」と、市の環境課は見ている。

撤去まで数か月

　市では、一部道路にサクを設け、車両通行禁止にして

いるが、決め手となる対策はない。「放置された車を一刻も早く片づけてほしい」と住民は願うが、簡単にはいかないという。

　車にはもともと所有権があり、ナンバープレートが外してあっても簡単に廃棄物と認定するわけにはいかない。交通に支障があるときは警察などが移動するが、そうでない場合は「所有権の問題もあり、捨てられたものと判断されるまでは動かせない」と警察は説明する。

　A市内では、農地や林が多い地区で特に放置自動車が多く、昨年度の発見・通報件数は170件。放置車両への放火は18件あった。撤去した台数は71台。乗用車の場合、撤去費用は1台あたり約2万円かかるという。

　環境省の調査によると、全国の放置自動車は、業者が野積みしたものも合わせて、2001年8月で12万6000台にも上るという。（参考にしたのはhttp://www.yomi-uri.co.jp/e-japan/jichi/20030911.htm）

■法務マン・政策マン■

　この問題を見て、これは自動車の所有権をめぐる問題だと直感したら、法務マンとしては一流である。たしかに、形態的には放棄されている自動車が、理屈上は誰かの所有物として所有権が残っていることが、迅速な処理を妨げている。ならば、放棄されている形態に合致するように、この自動車から所有権を切り離す法的仕組みを考えれば、A市は自動車を処理できるようになるのではないか。このように考えたならば、あなたは一流の法務マンである。

　しかし、だからといって、一流の政策マンといえるかというと、話はそうは簡単ではない。

　たしかに、放置自動車の所有権を切り離し、市が処理

すれば、放置自動車に悩まされている市民にとっては朗報だろう。しかし、たくさんの問題も発生する。

第一に、こうした善意の処理の結果、Ａ市には放置自動車が集まることになる。Ａ市に放置すれば、市が税金で片付けてくれるのである。「捨てるのならＡ市だ」ということになって、片付ければ片付けるほど放置自動車が集まることになる。政策づくりの場面でも、よかれと思ったことが、必ずよい結果になるとは限らない。（最近では、ある市が公園や河川に住みついているホームレスを一掃しようと、彼らを無償で収容する収容施設をつくった。その評判を聞いて、収容人数を越えるホームレスが流入して、むしろ前よりも、公園や河川に住みつくホームレスが増えてしまったという。）

第二は、責任をめぐる問題である。放置自動車は誰に責任があるのだろうか。いうまでもなく一義的には自動車の持ち主であり、次には、自動車を販売することで利益を得ている人たちも責任がある。正義を実現するのも自治体の役割であるから、解決策は正義にかなうことが必要である。その点を曖昧にしたままで、とりあえずの解決に走っては無責任である。正義を実現するために何をすべきかが問題になろう。

第三は、目指すべき社会像をめぐる問題である。自治体は市民が住み良いまちをつくるのが究極の目的である。地方自治法には、「住民の福祉の増進を図る」（第1条の2）と書いてある。したがって、自治体は、常にあるべき将来像、目指すべき社会像を頭に入れながら、個々の施策を打っていくことになる。目指すべきは、自動車を次から次へ片付ける社会ではなく、自動車が放置されない社会づくりである。それを目指さない政策づくりは安易である。

自治体の役割は、実際に困っている市民を助けるというのも重要な役割であるから、放置自動車を片付けるという施策には異論はないが、こうした課題や将来展望を頭に入れ、その手当てをしながら施策に取りかかる必要がある。この点にも目が行き届いているか、その道筋を立てられるかどうかが、政策マンとして一流か二流かを分けることになると思う。

2 政策法務の基礎理論

1 政策現場から

■私の条例づくり■

　数年に及ぶ逡巡の末に、2003年の春、私は政策現場を離れることになった。横浜市には結局26年お世話になったことになる。

　その26年の間に、区役所、総務、環境保全、環境事業、都市計画、経済、水道と都合7つの局区を異動したが、その大半は調査・企画・計画という仕事であった。普通、退職届というものは、「一身上の都合により」と書くのが常識かもしれないが、私の場合は横浜市での仕事を回顧しつつ、「横浜市の先進性を誇る政策や他都市をリードする施策を担当できて幸運であった」と、A4で1枚の、思わず長文の退職届けになってしまったのは、少しずつではあるが社会が変っていくことが実感できる仕事は本当に楽しかったし、しかもそれで給料がもらえるのはさらにラッキーという気持ちがあったためで、ようやく決断したとはいうものの、心のどこかに後ろ髪引かれる思いがあったからだと思う。

　こうした職務経歴との関係もあって、条例との縁にも深いものがある。数えてみると条例づくりには合計4回かかわったことになる。

　なお、ここに条例をつくるとは、第一条○○という条例案文をつくることではない。むろん、条例が法制執務のルールに合致しているかどうかを審査することでもな

い。

　この点はしばしば誤解されるので最初に示しておくが、条例をつくるとは、政策課題解決のために条例制定を企画・立案し、内容の調査・検討を行い、内外の利害関係者と調整し、議会へ提案して議決を得るまでの全体をいう。

　また、調査や企画というセクションは、他局が行う条例づくり（福祉のまちづくり条例、環境基本条例など）にオブザーバーとして参加することも多く、これも大事な仕事ではあるが、それもここでの条例づくりにはカウントしていない。あくまでも、主査として条例づくりを主導した場合に限っている。私はこうした条例づくりに4回関わったことになる。

■2勝1敗1途中退場■

　さて、その条例づくりの成績であるが、2勝1敗1途中退場であった。

　ここで「勝ち」とは、条例の企画立案から議会の議決までの全体を完結できた場合である。逆に「負け」とは、途中で挫折した場合である。「途中退場」とは、条例を企画立案して原案策定までいったが、そこで人事異動になり、後任者が引き継いで条例化を果たした場合である。自治体職員（とりわけ管理職）の1セクションの在任期間は通常2、3年であるから、途中退場ということがしばしば起きる。

　ちなみに私の2勝は個人情報保護条例とリサイクル条例、1敗はまちづくり条例、1途中退場はポイ捨て条例である。

　最近、失敗の研究が盛んである。たしかにどこで間違ったかが明らかになれば、次の教訓とすることができ

る。

　では、私のまちづくり条例は、どこが失敗だったのか。それはひとことで言うと、条例をつくろうという盛り上がりを組み立てることができなかったということである。

　たしかに、理念を決めて、先発条例のすぐれた部分を寄せ集めて条文をつくれば、「先進的」な条例が出来上がる。私のまちづくり条例でも、当然、私もそうした作業を行ったが、しかしそれだけでは条例をつくったことにはならない。この作文が条例になるには、行政と市民の双方に、「何とかしなければいけない」という思いが湧き上がり、また、さまざまな抵抗があっても「やろう」という強い意気込みと連帯が生まれることが必要である。そうでないと、住みよいまちづくりを妨げている所有権の絶対性に、とても切り込むことはできないからである。

　私のまちづくり条例は、「わが市もまちづくり条例ぐらいなければ……」というトップの意向から出発したが、この程度の盛り上がりでは、理念条例か、せいぜい既存の規則・手続を嵩上げした条例にとどまってしまう。それを止揚して、市民・行政も含めた全市的な盛り上がりを組み立てるのが政策担当者の仕事になるが、この条例では、私にはそれができなかったということである。

■条例づくりの難しさ、易しさ─私の４条例から■

　条例づくり全体のプロセスのなかで最も難しいのは利害関係者との調整である。利害が抽象的であるよりも具体的なほうが、また利害関係者が内部関係者の場合よりも外部関係者である場合のほうが、調整は困難となる。

これは当然のことで、とりわけ相手方に金銭上の負担や役務の履行が伴うような場合は、どんなすぐれた理念を言い立てても簡単には調整はまとまらない。時には強引に、時には妥協しながら、到達点を探っていくことになるが、それもいよいよ限界だと感じたときが、条例づくりが事実上終局する時である。法務の出番はその後となる。

　私の2勝1敗1途中退場のなかで、最も難易度が低かったのは個人情報保護条例である。この条例は、名称から受けるイメージと違って、役所が保有する個人情報を自治体職員の不正な利用から保護するというのが主要テーマである。具体的な負担を被る利害関係者は役所全体の部課に及ぶが、あくまでも役所内部にとどまっている。この場合は、市長とポイントとなる局部長を押さえて、彼らを前面に立てて調整を行えば全体の意思統一は容易である。

　なお、個人情報保護条例には、市民が自己情報を開示し、訂正できる請求権といった市民の権利に属するものも含まれている。この点をめぐって、例えば目的外利用の中止を請求権と構成するか申し出にとどめるかによって、市民団体とのやり取りは出てくるが、いずれにしても、市民に権利（届出としても）を付与するものであるから、（具体的に相手方に金銭上の負担が生じないという意味で）利害関係がさほど深刻ではなく、それゆえ調整は比較的容易である。

　次に、リサイクル条例の場合は、条例のつくり方によって難易度が違ってくる。役所がリサイクル施設を用意して行う自前型のリサイクルの場合は、用地確保の問題は別として、予算さえつけば施設は建設できるから、その場合の調整は役所内部にとどまり、それゆえ難易度は

低い。これも市長をはじめポイントとなる人を押さえて財政当局と交渉すれば、それなりのところに落ち着く。

これに対して市民の主体的活動を前面に押し出す施策や、市民や事業者の具体的な負担を求める施策となれば難易度はがぜん高くなる。その際の盛り上げと利害関係の調整（要するに理念をどこまで貫徹できるか）が自治体政策マンの腕のふるいどころになるが、少なくとも法務だけでは条例にならないのである。

ポイ捨て条例でも同様で、ポイ捨て罰則をつくるだけの条例ならば難易度は低い。法務面の検討は机上でもできるからである。しかし、机上で罰則をつくっても、それだけでは実効が上がらないから、つくっただけの例規集条例になってしまう場合が多い。千代田区など一部を除いて、ポイ捨て罰則に効果があったというのを寡聞にして聞かないのは、つくっただけの条例がいかに多いかの証左である。これに対して、千代田区では、ポイ捨てを捕まえる体制をつくり、1億円の事業費を使い、実際に街で注意を行っているから効果があるのである。これも人と金があればできるので、やろうと思えば自前でできないことはないが、それでも実際に担当する人は大変であるから、その体制を整えることができるかどうかが、この施策でのポイントになる。

ポイ捨てした者を捕まえることよりもさらに踏み込んで、ポイ捨てされるようなものをつくって利益を得ている事業者に回収責任を負わせたり、ポイ捨てを許容している社会経済システムに踏み込んで、ポイ捨てされないシステムづくりをめざす場合は、難易度は飛躍的に高まる。事業者と交渉すると、理念は相手方もよく理解してくれる。だが、熾烈な市場競争をしている事業者にとっては新たな負担増になるシステムには、そう簡単には乗

れないからである。これをどこまで押し込めるかは、自治体政策マンの力量次第である。

　こうした政策づくりを行って、地域から社会経済システム（国の制度）を転換させていくことができるのが自治体政策マンという仕事の魅力ではあるが、実際の調整はかなりタフな仕事で、その苦労がいかばかりかは、私の筆力ではとうてい表現できない。

　世上、先進条例といわれるものがあるが、よく見てみると理念型条例（自治基本条例など）、権利付与型条例（パブリックコメント条例など）といった条例が目立つ。これらは全体に利害関係が抽象的であったり、利害関係者が役所内部にとどまるものが多く、その意味では難易度はそう高いものではない。

■レッスンの必要性■

　こうした私の経験と最近、体系化がされはじめた政策法務の理論との間には、少しずれがあるようである。

　第一に、私の経験は、法務も政策手法のひとつで、有力な選択肢の一つではあるが、政策づくりに占める法務の割合は、さほど大きくないということである。したがって、法務だけで政策をつくろうとすると、施策選択の優先順位を見失ってしまう。本来、政策づくりでは、各施策メニューの位置づけをきちんと整理して、タイミングを計りながら各施策を順次繰り出す必要があるが、ともかく放置自動車の所有権の切り離しに走ってしまう心配があるからである。要するに、政策は手持ちカードをにらみながら、どのカードをどのタイミングで出すのかを競うものだから、法務という手段の有効性や限界をきっちり学び、繰り出すタイミングを習得する必要がある。

第二に、政策法務は、条例や規則という法規範を使うものであるから、影響力や波及力が大きい。その分、当面の問題解決だけではなく、他の自治体や国の政策、さらにはこうした政策を支えている社会経済システムを変化させるきっかけにもなる。したがって、政策法務を自分たちの問題解決だけに使うのではなく、社会全体を変えていく手段として使ってほしいと思うのである。政策法務の戦略性というべきものであるが、こうした仕事を通して豊かな社会をつくっていくのが、自治体職員の矜持である。

　第三に、従来の政策法務では、市民の参加や市民との協働が見えてこない。自治体の政策領域全体で市民の参加、協働が必要になっているから、政策実現手段としての法務だけが別ものというわけにはいかないだろう。現時点では、政策法務への市民参加というと、立法技術の開放や例規集の公開程度にとどまっているが、この点についての本格的な議論が必要になっている。

　本来、この三点について、レッスンの方法を示さなければいけないだろう。しかし、第一のカードを出すタイミングは政策マンならば自然に体得しているが、これを記述するのが難しい。そこで、この第一のレッスンは、私の筆力がつくまでの宿題とし、本書では、第二、第三のテーマを考えてみたいと思う。

2 政策法務の定義

■政策法務の定義から■

　政策法務の定義に関して、主なものを紹介すると、
・自治体が、住民福祉の向上とその人権・権利の実現を図るため、すでにある法の体系をもとに、より地

域の行政ニーズに即した自主的な法システムを、積極的に設計・運用すること（田中孝男・木佐茂男『テキストブック自治体法務』ぎょうせい　2004年）
・法を政策実現の手段としてとらえ、そのためにどのような立法や法執行・評価が求められるかを検討しようとする、自治体において主として自治体職員が行う実務および理論における取組及び運動（山口道昭『政策法務入門』信山社　2002年）

などがある。

　論者によって、ニュアンスの違いはあるが、法務を動態的にとらえて、政策実現の手段に使っていこうというものである。

　従来は、自治体は法律を忠実に執行するものであって、法務も中央省庁の通達・行政実例を中心にその解釈論を行うというものであった。自治体で法務部門というと、頭が固くて優秀で、近づきがたいもので、もう少し言えば、仕事の邪魔になる組織というのが基本印象だと思う。これに対して、政策法務の考え方は、自治体は自ら政策を立案し、執行していくものであるという立場にたって、国の法令についても、地方自治の本旨に基づいた運用や解釈を行い、また政策の実現手段として積極的に条例、規則等を制定していくというものである。この立場では、法務部門は一緒に仕事ができる仲間に変わる。

　もうひとつ、この定義で注意すべきことは、このような政策法務活動を行う主体としては、自治体、自治体職員が想定されている点である。国と対峙させる形で自治体をクローズアップし、実際の担い手という点から自治体職員を想定することは理解できなくはないが、そこが

市民から見て、政策法務に「何か権力的な危険性」を感じさせる原因にもなっていると思う。こうした危惧をどう払拭していくのかが、政策法務の今日的課題だと思う。

■法務とは何か■

　最近では、政策法務という言葉は、かなり知られるようになった。以前、「電話で政策法務といってもわからない。生活ホームという答えがくればいいほうで、たいていは短い沈黙が続く。」(松下啓一『自治体政策づくりの道具箱』学陽書房　2002年) と書いたが、最近では、政策法務という言葉の認知度は急速に高まっていると思う。試みにインターネットを調べてみると、Yahoo では4300件検索された。ほんの数年しかたっていないが、隔世の感がある。

　ただ、その意味となると、人によって理解がばらばらである。研修などで話をすると、政策法務を広義に理解して、自治体の業務を法務という視点から見直すこと (自治体法務) と同義に考えている人も多い。

　では政策法務のうちの法務とは何か。政策を実現する手段という点から発想して考えると、次のような内容になろう。
　　①条例・規則をつくる
　　②政策目的に合致するよう解釈する
　　③争訟・係争で負けないようにする
　　④国の法律や政策を変える
である。
　このうち、①から③は法務そのものを活用した当面の対応という面が強く、④は法務で国 (法律、政策) を変えていこうとするもので、将来をにらんだ対応という面

が強い。①から③は戦術的な要素が濃厚で、④は戦略的な色彩が強いともいえよう。前者は狭義の法務、後者は広義の法務といえる。

政策法務をめぐっては、①→②→③→④の順に議論の数が減ってくるようである。それに対して、本書は④の部分に力点が置かれている。

■政策とは何か■

次に、法務を使って実現するところの政策とは何かである。

これは大議論になってしまうので、ポイントだけを示しておこう。

まず、政策は政策―施策―事務事業という３層構造から成り立っている点である。このうち政策は、この三者の最も上位に位置し、基本構想や基本目標を達成するための方針・方策であり、施策とは政策を具体化、実現していくための方法・手段である。事務事業は施策を達成するための具体的な方法・手段となる。事務事業の集合体が施策であり、施策の集合体が政策である。ここでのポイントは、政策は最終的には、具体的な施策や事務事業に下支えされているという点である。逆にいえば、施策や事務事業の裏付けのない政策は、政策とはいえない。これは作文という。

ポイントの２は、政策の主体についてである。この点については、従来は、政府のみが政策づくりの主体であると考えられてきた。その結果、「政官財主体の公共政策が公共性を歪めてきた。住民が主体となって計画をつくり、運動をすすめ、行政は後見人としてこれにサービスをする形態へ移行していくべきである」といった主張（宮本憲一『公共政策のすすめ―現代的公共性とは何か』

有斐閣1998年など）が出てくるのも無理がないところであろう。国や自治体のほか、市民やNPOも政策の主体として位置づけるべきである。

■政策法務の定義■

　以上から、政策法務とは、条例等の法務手段を使って政策目的を達成し、あるいは政策課題を解決しようとする考え方ということができよう。政策実現手法として法務を使い、法務の戦略的意義を強調する立場である。同時に、かような当面の政策課題を解決することに加えて、社会全体の変革を射程に入れることも政策法務の目的である。地域から社会（国の法律・制度）を変えるために、政策法務を使っていくということである。

　地方分権以降、自治体は地方政府であることが強調されるようになった。そうであるならば、政府としての自治体は、国に代わって社会を変えていく役割も果たしていくべきで、こうした役割は荷が重いから国にお任せというわけにはいかないだろう。私は、常にこの点を意識しながら政策をつくっていけと教わってきたし、自治体で政策をつくる魅力でもある。

　同時に、自治体だけで政策がつくれると考えるのは間違いで、同じ政策主体である国や市民・NPOも忘れてはならない。これらを踏まえて、政策法務を再定義してほしい。

3 自治体法務

■自治体法務とは■

　政策法務に類似した用語に自治体法務がある。代表的な教科書である『自治体法務入門』（木佐茂男（編）ぎ

ょうせい　2000年）では、自治体法務を次のように定義している。

自治体法務とは「自治体で行う一切の法的な意味をもつしごと」とし、「自治体法務という考え方は、自治体での法的な処理の全体を視野に入れ、総合的に取り扱うこと」がねらいで、法を「職員が住民のために駆使する」ところに、自治体法務のポイントがあるとしている。要するに、法務は法務担当職員という特別の人たちだけが取り扱うものではなく、一般の職員も日常の仕事を行うにあたっては、法務に関する知識とセンスをもって仕事をしなければならないということである。

たしかに、基礎自治体の現場では、こういった基礎的な法的素養（知識・意識）もなしに、日常の仕事をこなしている。それは、基礎自治体の業務の大半はルーチン業務で、マニュアルに従って仕事をすれば、それなりに業務を遂行できるからである。私はマニュアル行政にも積極的意味はあると考えているが、少なくとも何も考えない姿勢は見直していくべきだろう。

では、ここにいう法的素養の具体的内容は何か。

元自治大学校の山谷成夫氏は、「およそ自治体は憲法と地方自治法に基づく存在であり、その事務や事業は各種の法律、条例等の定めるところにより実施されている。したがって、法務能力は全ての自治体職員が身に付けておかなければならない」として、その法務能力は、「業種・職種や階層・職務経験によって当然異なるが、次のような基礎的な法務能力（法的素養）が挙げられる」(http://www2s.biglobe.ne.jp/~rtf123/1-89yam2.htm)としている。

・憲法で定める基本的人権の尊重、民主主義の原理、法治主義の原則等に関する基礎的知識

・地方自治の本旨や地方分権に対する正しい認識
・行政サービスや行政手続を法律・条例等に基づき公正・透明に執行する実務能力
・仕事や制度を法的な視点からとらえるセンス

　何かあまりに基本的なことで拍子抜けしてしまうが、たしかに、こうしたレベルから見直していかなければならないということかもしれない。ただ、これらは、あまりに基本的なことゆえ、実際に、これを全職員に習得させるのは簡単ではないということである。少なくとも憲法や地方自治法の講義やワークショップをやったくらいでは、身につかないだろう。

■自治体法務と政策法務との関係■

　次に、自治体法務と政策法務との区別である。さまざまな議論ができるが、ここで重要なのは、「政策法務を語る以前に、法的に思考する土壌がなければ、政策法務も花を開いていかないだろう」（木佐茂男『自治体法務とは何か』北海道町村会　1996年）という指摘である。
　たしかに、自治の現場に「法治主義の徹底や具体化を求める考え方」が根付いていなければ、法務の戦略性といっても言葉だけに終わってしまう。自治体法務に関する自治体職員の基礎的素養があってはじめて、政策法務が使えるようになる（図表1—1）。

4 法制執務

　法制執務とは、法令を立案する場合に心掛けるべき諸原理や諸技術を意味する。
　条例は法規範であるから、その内容が誰にでも誤解なく正確に伝わることが必要である。そこから、おのずと表現方法等に関する取り決めができあがるが、法制執務

図表1―1　政策法務と自治体法務

	政策法務	自治体法務
目的	政策目的の実現 法の積極的な活用	自治体事務の適正な執行 自治体業務に法的な視点を導入
背景	都市問題への対処	自治体業務の質的向上
地方分権との関係	自治体の事務範囲の拡充、自己決定権の拡充、国との対等・協力関係→自治体の政策力の向上	
学ぶべきこと	法律の優位性を乗り越える技術	法律の基礎知識・素養
対象職員	政策の企画・立案担当職員 特別な素養	全職員 標準装備としての素養
両者の関係	自治体法務は政策法務の土壌の位置	

は、共通理解のためのいわば共通言語である。

そのため、どの教科書も取り上げている内容はほぼ共通になり、法令の種類と体系、法令の制定過程、法令の解釈、法令の用字用語、法令の立案（一部改正方式等）などが、法制執務の内容となっている。

この法制執務についても、自治体職員たるものは、こうした知識も習得しておくべきだという意見もあり、自治体で行われている政策法務研修でも、最後に条例案をつくることも演習メニューのひとつになっているところも多い。この条文づくりという作業は研修講師の立場からはやりやすいし、また、受講生も法務の一端にふれたような気になるから顧客満足度も高い。

しかし、これも顧客満足度が高ければ政策として優先順位が高いわけではないという好例のひとつで、法制執務については、条文を読める程度に勉強していれば十分であるというのが、現時点での私の意見である。

なぜならば、基礎自治体では条例づくりを担当するこ

と自体が例外で、しかも法制執務を担当するのはさらにその例外であるから、立法技術を一般の職員が習得するのはコストパフォーマンスが悪すぎるからである。とりわけ最近のように、自治体職員が覚えなければいけないこと（法的知識だけでなく、経営学、財政学、会計学などの経済的な知識、パソコンやインターネットなど情報知識など）が、多くなってくると、法制執務まではとても手が回らないという実際上の理由もある。

実際、条例づくりの実務では、仕組みづくりと利害関係者との調整に時間とエネルギーの大半が費されてしまって、とても法制執務まで考える余力が残っていないというのが私のこれまでの切実たる経験だからである。

なお、私のこうした意見は、別に法務スタッフが用意されている政令指定都市だからいえるのであって、大半の基礎自治体にはあてはまらないという反論もあろう。

そうかもしれないが、ここで私がいいたいのは、法制執務にエネルギーを使いすぎてしまうと、肝心な政策内容を詰める作業がおろそかになってしまう心配があり、さらには条文で政策をつくるという安易な方向に流れてしまうおそれがあるということである。

なお、独自に法務スタッフが用意できない自治体向けにはいくつかの提案がなされている。

①部課横断的なプロジェクトチームの設置
　　　　　　　　→（横須賀市政策法務委員会）
②大学等と連携した研究会の設置や研修の実施
　　　　　　　　→（鹿児島地方行政研究会）
③自治体職員や研究者が集まった研究会
　　　　　　　　→（かながわ政策法務研究会）
④都道府県単位の共同事業
　　　　　　　　→（長崎県町村会法規室）

ただ、法制執務の専門家は、小さな自治体ならば1～2名いればよいのであるから、各自治体ともがんばって養成してほしいと思うのである。最近では、公務員試験が難しくなって、優秀な若い職員が入ってきているから、決して無理なことではないと思う。法制執務の技術はさほど難しいものではないから、共同研修・事業システムを活用しながら育てていけば、簡単に育成できると思う。

5 政策法務ブームの背景

■地方分権の推進──条例制定権の広がり■

政策法務が意識されるようなった直接の契機は、地方分権の推進及びその具体化である地方自治法の改正である。次のように説明されている。

旧地方自治法のもとでは、自治体が行っている事務は、公共事務、団体委任事務、行政事務と機関委任事務に分けられており、このうち、「その区域におけるその他の行政事務で国の事務に属しないもの」が自治体の事務とされた。つまり、外見的には自治体が処理していて自治体の事務のようにみえても、実際は国の事務であるものがあり（機関委任事務）、その割合は都道府県では7割、市町村では4割とされていた。この機関委任事務には条例制定権が認められていなかった。

こうした状況のもとでは、政策を立案するのは国で、自治体はそれを忠実に執行するという関係になりがちである。条例も国の法律を忠実に実施するための執行条例が中心になってしまう。

しかし、分権改革によって、自治体の事務・権能を幅広く認めるとともに、機関委任事務が廃止され、自治体

の事務は、①地域における事務と②その他の事務で法律又はこれに基づく政令により処理することとされるものに区分され、②の事務についても、条例制定権が及ぶことになった。自治体の条例制定権の範囲が量的にも拡大したことになる。（第2条、第14条①）

逆に、条例で定めなければいけない事項として、自治体が、「義務を課し、又は権利を制限するには、法令に特別の定めのある場合を除くほか、条例によらなければならない」（第14条②）とされた。

要するに、分権改革で自治体の事務が飛躍的に増加し、条例制定権の範囲が拡大したことで、自治体は国の法律をただ忠実に実施するだけではなく、政策を創造・推進するために、積極的に条例を制定することが必要になってくる。こうした背景があって、政策法務が注目され始めたのである（図表1—2）。

この説明はとても分かりやすいし、実際、その通りだと思う。ただ、それではまるで整形美容のビフォー・アフターを見るようで、分権以前の姿が貧相にすぎるように思う。

私の例でいえば、私の4回の条例づくりは、すべて分権推進法以前のことである。私の周りでも、分権推進法はなかったが、地域の政策課題を解決するために新しい条例をつくった人が何人もいる。十分とはいえないかもしれないが、分権前にもこうした取り組みがあちこちの自治体で行われていた。だからこそ分権はやってきたのだし、こうした取り組みを大事に継承していかないと、首長のパフォーマンスや思いつきで右往左往したり、他都市の切り貼り・寄せ集め条例でお茶を濁すことになりかねない。

地方分権は、明治維新、戦後改革に続く第三の改革と

位置づけられていて、なかなか大仰であるが、私はもう少し地味で地道なものと考えている。

■前奏としての要綱行政■

その前奏となったのが、自治体で通り組まれた要綱行政である。

要綱とは、職員が事務処理を進めていく上での指針・基準を定めるものである。要綱の性質は、行政機関の内部規程であり行政内部を縛るが、住民に対する法的拘束力、強制力はないものとされる。この要綱を使って行政目的を達成するのが要綱行政である（類似の言葉に要領

図表1―2　機関委任事務・自治事務・法定受託事務

	機関委任事務	自治事務	法定受託事務
条例制定権	不可	法令に反しない限り可	法定に反しない限り可
地方議会の権限	・検閲、検査権等は、自治令で定める一定の事務（国の安全、個人の機密に係るもの並びに地方労働委員会及び収用委員会の権限に属するもの）は対象外 ・100条調査権の対象外	原則及ぶ（地方労働委員会及び収用委員会の権限に属するものに限り対象外）	原則及ぶ（国の安全、個人の秘密に係るもの並びに地方労働委員会及び収用委員会の権限に属するものは対象外）
監査委員の権限	自治令で定める一定の事務は対象外	原則及ぶ	原則及ぶ
行政不服審判	一般的に、国等への審査請求が可	原則国等への審査請求は不可	原則国等への審査請求が可
国等の関与	包括的指揮監督権 個別法に基づく関与	関与の新たなルール	

（地方分権推進本部資料を参考に作成）

がある。要綱は基本的な指針や基準をまとめたものを意味し、要領は細目的な部分を定めたものとされることが多い)。

　要綱行政は、歴史的には川崎市団地造成事業施行基準（1965年）、川西市の開発指導要綱（1967年）が始まりとされる。高度成長の時代、大都市郊外で乱開発、大規模宅地造成が行われた。自治体は道路、水道、公園、学校等の都市基盤を整備する必要に迫られるが、それに対する「緊急避難的な解決方法」として、編み出されたのが要綱行政である。

　開発計画にあたっては、①自治体と協議し改善勧告に応じること、②周辺住民の同意をうること、③法定外の各種規制に応じること、④公共施設用地の寄付、開発負担金を拠出すること等が主な内容で、自治体はこれで良好な住環境を維持・整備し、社会資本の整備に必要な財源を確保しようとするものである。

　この方法は、立法を後ろ盾にしない規制行政、相手方の任意性を前提とする強制といった、かなりの無理を伴う手法だから、そこが批判され、また裁判にも敗れて、見直しが行われているが、それでも要綱行政がなくならないのは、自治体では法律の枠内というあてがい扶持では、まちをつくれないからである。

　この要綱行政は、いわば相手方と「勝負したろか」の世界であるから、政策担当者にとっては、実はしんどい手法である。自治体や担当者の力量がストレートに問われてしまうからである。それでも、こうした戦闘力が自治体のなかに満ちていないと、基礎自治体の自治は進まないと思う。

■法律の限界■

　政策法務が注目されるようになったもうひとつの理由が、法律が地域の事情を取り込めなくなったために、規範としての正当性が揺らぎ始めたことである。

　もともと法律は、地域から離れた国（省庁）が全国を視野に入れてつくるものであるから、必ずしも、個々の地域事情をすべて踏まえて立法されるわけではない。かような法律の限界性について、政策法務の提案者のひとりである法政大学名誉教授の松下圭一先生は、都市型社会では国法は論理必然的に、全国画一、省庁縦割、時代錯誤という限界を持つ（松下圭一『転型期自治体の発想と手法』公人の友社　2000年）と指摘しているが、こうした法律と地域との乖離は、今日ではますます大きくなっていると思う。

　これに対して、自治体の場合は、地域を基礎とする組織であること、また首長の力が強く、職員も幅広く人事異動するから縦割り的発想が比較的少ない組織である（自治体職員の場合、産業・開発部門からそれを規制する環境部門に異動することはざらである。私も管理職になって、ほぼ2～3年おきに6つの部門を異動した）。そうしたことから、自治体がつくる条例は、より地域や市民のニーズを反映した法規範になりやすいといえよう。

　さらに、法律をめぐる今日的課題は、法律は地域事情を反映しないという消極的な問題にとどまらず、地域の事情を考慮せずに全国均一な基準を定めるという法律の性質が、結果として、力の弱い地方に負担やしわ寄せを及ぼしてしまうという問題である。例えば、どこでも作れるはずの産業廃棄物処分場が地方につくられ、首都圏に電気を供給するための原発が地方だけにつくられるの

は、法律の全国均等性のもとで、自治体の経済力の強弱がそのまま反映された結果である。こうした全国的な形式的公平性が、結果として一部地域の不公平性を誘導・認容することに対して、地域事情を反映・表現する手段としての条例の役割に注目すべきだろう。

6 政策法務否定論

■法の強要性を強調する立場■

　政策法務については、いくつかの批判があるが、ここでは最も本質的な問題である法の強要性をどう考えるかについてふれておこう。

　元法制局長官の林修三氏が、『法制執務』（学陽書房1979年）で述べている法に対する見方は、国の考え方を反映したものと考えてよいであろう。そこでは、次のように述べられている。

　ここでは法の本質について、「国家の権威によって定められ、国家権力によって強行される規則が法である。」とし、したがって、「法は、法である以上は単なる道徳律や宗教上の戒律とはちがって、法による規制の対象となる人に対しては、これに従って行動することを要求し、これに違反して行動することを国家の権力として許さないという性質、すなわち、「法的強要性」をもっていなければならない。」としている。

　この立場からは、「法令の内容が一種の行政上の指針を与えるにとどまる」ようなものは、「この程度のことは、予算の決定または行政機関による方針の決定（閣議決定、省議決定等）で十分まかなえるものであって、法令の内容としてとりあげるにはあまり適切なものとはいえない。」ことになる。

この伝統的な考え方からは、条例は強要性があることが前提となる。したがって、この立場では条例の活用については、抑制的・限定的に考えることになる。結果として、政策実現のために法務を使うという政策法務については慎重・批判的になる。

■強要性にこだわらなくてもよいのではないか■

　法の本質は何かという観点からは、たしかに強要性がその核心部分であるから、上述の議論は説得力がある。しかし、法をどのように使うのかという観点から考えると、また別の議論も可能になる。

　つまり、法がめざした目的を達成できるのであれば、それが国家の権威や権力によって強行されるものでなくても、法の存在がきっかけとなって、本人の意思に誘導的に働きかけ、結果として、法の目的を達成したとしても、それは法としての存在価値はあるからである。したがって、制定される条例の内容が規制・指導的なものではなく誘導・支援的なものであっても、それで条例の制定目的を実現できるならば、そうした条例も意味があるといえよう。

　かように考える実際上の理由であるが、近年、自治体に対する期待が高まっているが、現実の自治体の力量（権限・資源など）は十分ではなく、期待と現実の間には大きなギャップがある。それを埋めるのが政策論であるが、自治体が政策目的を達成するためには、使えるものならばどんな手段でも使っていくべきだからである。政策手段としての法務の有用性に着目すると、政策達成に役立つのであれば条例を積極的に活用していくべきだからである。こうした実践的な理由が、従来の伝統的な法務の考え方に修正を加えてきたものといえよう。

3 政策法務の内容

　政策法務の内容については、おおむね次の4つを中心に論じられている。
　①政策目的に合致するように条例・規則等をつくる（自治立法）
　②政策目的に合致するように法令を解釈する（自治解釈）
　③政策目的を達成するにあたって訴訟に負けないようにする（争訟法務）
　④自治体の意向を国の法律に反映させていくように働きかける（国法変革）
　このうち、①の自治立法が狭義の政策法務といわれている。
　これらを見ても分かるように、政策法務の基本的な視座は、国法を意識し、国法と対峙して自治体の立法権・法令解釈権の確立を目指そうとする立場である。とりわけ自治立法、自治解釈は、国（法律）の侵害から市民の権利や自治を守るといった「国法対峙型の政策法務」あるいは「防御型の政策法務」の色合いが濃厚である。
　これに対して国法変革は、やや立場を変えて自治体から国（法律）を変えていこうというもので、「国法反映型の政策法務」あるいは「創造型の政策法務」の色合いが強い。答えを先取りすることになるが、私の関心は、自治体の政策で、この国法（というよりも国法を支えている社会システム）を変えていくことであり、分権・協働時代の自治体政策マンに、とりわけ必要な視点だと思っている。

1 自治立法

■実践的な意味■

　自治立法とは、政策目的に合致するように条例・規則等をつくることである。当たり前のことをいっているようではあるが、自治体の実務では、次のような実践的な意味がある。

　第一に、これまで自治体は法務（条例）によらず政策をつくってきたが、条例を積極的に活用するようになるということである。それは政策形成に議会が関与し、政策形成過程の公開・透明性が高まるといった変化をもたらす。

　第二に、これまで自治体が条例をつくる場合は、国や都道府県が示す条例準則に則って、条例をつくる場合が多かったが、今後は自治体が自ら企画・立案することになる。独自の条例をつくる自治体の立法力が問われてくる。これは単に法制執務能力が求められるようになったというのではなく、政策力そのものが問われるようになったのである。

　第三に、条例制定技術の開発である。条例は法律の範囲内で制定できるが、この法律の制約を乗り越える技術が問われるようになった。従来は、この限界を要綱（行政指導）で乗り越えてきたが、それだけにとどまらない、新たな技術の開発が急務になってきたのである。同時に、条例は実効されてはじめて意味があるが、条例の実効性を確保する技術の開発も必要になってきた。

■条例と規則の選択■

　普通地方公共団体の長は、「法令に違反しない限りに

おいて、その権限に属する事務に関し、規則を制定することができる」（第15条①）。規則にも、「法令に特別の定めがあるものを除くほか、普通地方公共団体の規則中に、規則に違反した者に対し、5万円以下の過料を科する旨の規定を設けることができる」（第15条②）。規則も自治体が定立する自主法の一形式で法規範であり、住民に対して法的拘束力を持っている。

規則は、ともすると政令と同じように見られがちであるが、政令は内閣が制定する命令であるのに対して、規則は直接住民により選挙され、住民に対して直接責任を負う自治体の長が制定するものであるから、民主的な正統性という点で政令とは質的な違いがある。

そこで、条例と規則の間には、どちらの法形式を採用するか、政策形式選択の問題がでてくる。

まず、地方自治法では、いずれの所管事項であるかを明示しているものがある。市民の権利・義務に関することは条例事項であるのに対して、長の専属的権限事項は規則所管事項である。後者については、いくら条例といえども対象にできない。

それ以外の事項に関して、条例によるか規則によるかの選択がでてくる。大別すると3つの考え方がある。

①条例の規定事項は議会の議決事項に限られ、基本的には規則による
②長の専属権限に属する事項以外の事項は、基本的には条例による
③法に明示されていないものは競合的所管事項とし、条例は一般的基本的事項、長は個別的・具体的事項を定める

地方分権の流れに踏まえると、できる限り条例によるべきであるが、機動的な対応ができるという規則のメリ

ットも活かすべきだろう。②と③を融合した対応が好ましい。

■政策形式としての条例の優位性■

　条例のすぐれた点を法的及び政治的・社会的の両面から見てみよう。

　まず法的側面である。

　条例は法規範であり、住民に対して法的拘束力を持っている。条例には「2年以下の懲役若しくは禁固、100万円以下の罰金、拘留、科料若しくは没収の刑又は5万円以下の過料を科する旨の規定を設けることができる」（第14条③）が、こうした物理的な強制力によって、実効性が保障されている点は条例のすぐれたところである。

　ただ、注意すべきは、条例を制定したからといって、それだけで規範性が発揮できるわけではないことである。条例が強い規範力を持つには、それを裏付ける内容の合理性、社会的な合意、それを支える仕組みが必要となる。こうしたバックボーンのない条例は、どんな厳しい強制手段を書き連ねても、ただの作文にすぎないからである。

　次に、政治的・社会的側面である。

　第一に、条例は、予算、計画その他の政策形式の最上位に位置する。条例ならば予算編成・執行、自治体計画の策定・執行といった自治体の諸活動を規定できるし、条例が制定されると、政策の実効に必要な予算、組織・人員体制が措置されやすいといった事実上の効果もある。政策目的を実現するには優位な政策形式といえよう。

　第二に、条例は、市民の代表である議会の議決をえて

制定される点である。こうした市民的バックボーンの存在が、条例に強い正統性を与えることになる。例えば、各地でまちづくり要綱が条例に書き直されているが、要綱を条例にしても、いやがる相手に強制することができることになるわけではなく、議会という公の機関の厳しい審査とお墨付きを得ることで、行政指導の正統性を高めるのがねらいである。

　第三に、条例の制定には、議会・市民・企業など多くの利害関係者がかかわるからである。

　こうした公開の場で、多くの利害関係者の議論にさらされるということは、それだけ条例が慎重につくられ、内容の精度が高まることでもある。実際、議会の審査を受けるということに伴う緊張感は、自治体職員ならば説明するまでもないだろう。議会審査の場で矛盾を指摘されたり、内容面の過不足がないようにさまざまな視点から何重もの詰めが行なわれる。これは行政の無誤謬性がプラスに働いているケースである。

　第四に、条例には強い広報力がある。

　条例は、条例というだけでマスコミに取り上げられる機会も多い。また条例では、その審査過程が議会等で公開されることから、話題になりやすい。

　なお、自治体の政策手法は、強制・規制的なものよりも誘導・支援的なものが多いから、政策実務においては、条例の法的な側面よりも政治的・社会的側面のほうが重要である。

2 自治解釈

　自治解釈とは、政策目的に合致するように法令を解釈することである。これも当然のことのように思えるが、自治体側から見ると、一種のパラダイム転換である。

地方分権前は、中央省庁の法令解釈が有権解釈であるから、自治体は基本的には中央官庁の解釈・通達に依拠しながら事務処理を行ってきた。

　これに対して、地方分権後は、自治事務については中央省庁と自治体の法令解釈が対等になり、国地方係争処理委員会のもとで、法令解釈の当否を争うことになった。また、法定受託事務についても、中央省庁の処理基準によって法令解釈が示されるが、この処理基準はよるべき基準であるが有権解釈ではなく、中央省庁の一つの解釈に過ぎないことになった。自治体の法令解釈と異なるときは、これも国地方係争処理委員会で争うことになるのである。「中央照会型法務から自主解釈型法務」（兼子仁教授）への転換であるが、要するに、自治体には国と比肩できる法令解釈権があるということになった。

3 争訟法務

　争訟法務には、自治体が訴訟の被告となった場合の対応という側面と、自治体の、政策選択や政策実現手段の正当性について裁判等で主張・立証していくための法務がある。また国と自治体は、国地方係争処理委員会で対等に争うことになったが、こうした法務を担える能力も期待されている。

　かような争訟法務であるが、しかし、この裁判所等で争うという発想は、これまでの自治体の組織文化や市民の対行政意識とは異質なものであるから、これを自治体に根付かせることは容易ではない。

　たとえば、私は、自治体で仕事ができる職員とは、争いを裁判まで持っていかずに、話し合いで解決できる職員と教わってきたが、こうした能力は政策法務の時代でも大事だからである。話し合い、合意・納得、相互の信

頼や連帯といった市民共同体的手法は、非近代的かもしれないが、民主性、効率性の点で優れた手法であるからである。

　こうした非法務的要素の良さを残しつつ、法務の発想を取り入れることになるが、両者の融合は言葉でいうほど簡単ではないからである（事実、国地方係争処理委員会にかかったのは、横浜市の場外馬券税のみの１件である）。

4 国法変革

　自治体は、その政策を実現する際の妨げになっている国法を改廃するため、その必要性や方向性を明らかにすることである。ただ、その方法については現在のところ、市長会や町村長などを通じて、国に改正を働きかけるといった程度の議論にとどまっており、本稿では、この点について詳しく論じている。

4 政策法務の論点
――法律の範囲内

1 法律の範囲内

　自治立法をめぐる最大の論点は、「法律の範囲内」をめぐる問題である（憲法第94条）。

　憲法第94条では、「地方公共団体は、……法律の範囲内で条例を制定することができる」と規定していることから、理論的には、法律を超える条例は制定できない。地方分権によって、国と自治体の関係が、従来の上下従属関係から水平対等関係に変わり、両者は基本的には対等の関係になったとも考えられるが、地方分権によっても、国会が「国権の最高機関」（第41条）であるという位置づけまで変わったわけではなく、依然として条例は、国会が制定する法律の範囲内で制定することができるにすぎない。

　ただ、できる限り法律を抑制的に解釈し、条例の制定を自由にしようという方向性は間違いないであろうから、理論、実践の両面から、「法律の範囲内」をめぐる限界をどう乗り越えていくのかが論点となる。

■判例・実務の積み上げ■

　この点については、判例・行政実務等の積み上げで、一定の基準がほぼできあがっている。
　①当該事項を規律する国の法令がない場合
　国の法令がないのは、当該事項については、いかなる規制も認めない趣旨の場合は、これを規律する条例は法令違反となる。他方、そうでない場合は条例制定は可能

である。両者の判別であるが、自治体の自主立法権を尊重する趣旨から、原則として条例で規律できると考えていくべきだろう。

　②法令が規律している事項について、法令とは別の目的で規制する場合

　この場合、その事項に関する条例による規制は、一般的には可能である。最高裁判決は、道路交通法第77条1項4号は、「その対象となる道路の特別使用行為等につき、各普通地方公共団体が、条例により地方公共の安寧と秩序の維持のための規制を施すにあたり、その一環として、これら行為に対し道路交通法による規制とは別個に、交通秩序の維持の見地から一定の規制を施すこと自体を排斥する趣旨まで含むものとは考えられず」としている（徳島市公安条例事件最高裁大法廷昭和50年9月10日）。ただ、形式的に別の目的が書かれていても、法が規律している目的をおかすときは、この条例は法令違反となる。

　③法令が規律している事項について、法令とは同一目的で規制する場合

　上乗せ（法令上の基準を上回る規制。届出→許可とする場合）や横出し（法令規制以外の地域、事項を規制する）のケース。この場合は、一般的には条例による規制ができないと考えられる。ただ、法令の規制が、全国を一律に規制しようとするものではなく、地域の事情に応じた特段の規制を行うことを容認しているときは、条例による規制ができる。

　飯盛町旅館建築規制に関する条例（この条例は、旅館業法に比べて規制対象施設の範囲、規制距離において、より厳しい設置規制をしているとして争いになった）に対する福岡高裁判決は、「条例により旅館業法よりも強

度の規制を行うには、それに相応する合理性、すなわち、これを行う必要性が存在し、かつ、規制手段が右必要性に比例したそうとうなものであることがいずれも肯定されなければならず、もし、これが肯定されない場合には、当該条例の規制は、比例原則に反し、旅館業法の趣旨に背馳するものとして違法、無効になるというべきである」（福岡高裁昭和58年3月7日）としている。

条例で制定しようとする事項について国の法令の規定がある場合	条例制定の可能性
制定しようとする条例の目的が法令と異なる場合	○
条例で制定しようとする条例の目的は法令と同一であるが、その対象及び事項が異なる場合	○
法令と同一の目的、同一の対象を条例でより厳しい規制を行う	原則×
条例で制定しようとする事項について国の法令の規定がない場合	条例制定の可能性
その事項が地方公共団体の事務であり、かつ条例の内容が憲法に違反しない場合	○
法体系全体あるいは関連する法令の趣旨等からみて、条例による規制が許されない場合	×

■上乗せ・横出しをめぐって■

　法律が既に規制している領域については、同じ目的、同じ対象については、条例でより厳しい規制を設けることができないというのが、基本的な考え方である。法律先占論といわれるものである。

　したがって、条例で法律の対象でないものを対象とし（横出し）、また、法律と同一の目的で同一の対象についてより強い態様の規制ないし手続をとること（上乗せ）が許されないことになる。

　しかし、

　(1) もともと条例制定権は憲法上の権利で、地方自治の本旨に反する法律は憲法違反になるから、法律がある

からといって、単純に条例の可否を論じられない。

(2) もし、「法律は法律であるがゆえに正しい」と胸をはれるほど、地域からの疑問が出ないくらいにしっかりつくられていたら、法律先占論は説得力がある。しかし、法理論や法制執務技術はしっかりしているかもしれないが、地域の事情をあまねく調査して、どの地域でも過不足なく適用できるようにつくられているとはいえない。

(3) 授業や研修の際に、いつも悩むのは、だれに話のレベルをあわせるかである。レベルが高すぎればついてこられる人は限られてしまい、逆にレベルを最低限にあわせると内容が乏しくなってしまう。そして、人数が多くなればなるほど悩ましくなる。法律のように全国を相手にすると、レベルあわせが難しく、結局、低いレベルにあわせざるをえなくなってしまっているのだろう。

徳島市公安条例事件最高裁判決では、「条例が国の法令に違反するかどうかは、両者の対象事項と規定文言を対比するのみではなく、それぞれの趣旨、目的、内容及び効果を比較し、両者の間に矛盾抵触があるかどうかによってこれを決しなければならない」とした上で、法律と条例が同一事項について同一目的の規定をおいているときであっても、法律が全国一律に同一内容の規定を施す趣旨ではなく、地方の実情に応じて条例を制定することを許す趣旨であれば、条例の制定が許されるとしている。

この理論は、なにか画期的な気がするが、よく考えてみると、地域の事情が真っ当ならば、それが優先するというあまりに当然のことをいっており、自治体とするとその法令を条例が制定できるように解釈すること及び地方の事情を立証することが求められる。

■法律の範囲内を超える理論的試み■

　こうしたなかで、従来の判例、行政実務を乗り越える見解が提案されている。

- 法律は全国最低限の規制を行うものであり、条例による上乗せ・横出しを許容する趣旨と解すべき（原則適法説）
- 規律密度が高い法律は憲法違反であるが、この規定を標準的規定と解することで、条例でこれと異なる規定を定めることも可能とする（標準規定説。北村喜宣他『政策法務研修テキスト』第一法規　2003年）
- 法令に違反するという特段の事情の立証責任は国側にある（『分権型社会における自治体法務』日本都市センター　2001年）

　いずれも興味深い考え方で、その意図するところはよく理解できるところである。ただ、これら提案の意義を憲法や地方自治法の解釈論レベルにとどめてしまっては、問題の本質を見失ってしまうことに注意しなければならない。重要なのは、これら提案にリアリティがあるかどうか、自治体側についていえば、この見解の意図するところに自治体が応えきれるか、自治体がそこまで自信を持って立法、解釈を行っていると言い切れるかという問題である。もし、そう言い切れるのならば、地域の事務については、国（中央省庁）のほうに立証責任があるという主張はリアリティを持つからである。

2 自治体の法務能力

■国の法務能力■

　正直に言って、中央省庁の政策（法律）立案は、多くの部分で自治体よりも優れているといわざるをえない。

　第一に、政策形成に使える資源や手法の違いである。国ならば、斯界の権威を集めた審議会を簡単に設置できる。また、多くの省庁では、傘下に専門研究機関を持っている。海外公館等を通した情報収集も国ならば可能である。専門知識・情報を持つ業界団体・民間企業の情報も利用できる。これだけみても、自治体とは彼我の差がある。

　このなかで中央省庁の政策形成能力の弱点といえるのが、市民意見の集約・反映である。しかし、最近では、パブリックコメント制度等が導入され、弱点を補う試みが行われ始めている。

　第二に、市民意識のなかにも中央官庁への事大主義がある点である。実際、政策現場では、国の解釈を拠りどころに主張する市民も多い。自治体よりも国のほうが信頼がおけるという国民の心情は、残念であるが無視することはできない。

　第三に、法務の面からも、内閣法制局の存在は大きい。自治体の法務担当と比較しても、組織・能力は一部自治体を除いて圧倒的な違いがある。こうした組織による検討を経ているという点は、法律の合憲性、合法性については、中央省庁の解釈が正当であると推定されることになろう。

　こうした理由が、分権後も国の立法や解釈の優位性が続いている理由である。要するに、形式上は、法令解釈

権は対等としても、その能力や信頼度には、実質的には大きな差があるといわざるを得ないだろう。

とすると、やはり自治体としては、その立法や解釈が権威を持つような仕組み、裏付けが必要になる。政策法務は自治体の立法や解釈が、国や市民から尊重・優先されるための条件についても提案していくべきである。

■自治体の立法・解釈が正当とされる場合■

したがって、自治体が立法・解釈を行うときは、

(1) 法律の意義や制定経過を踏まえることが必要である。特に国における検討経過（審議会等の答申、国会における提案理由の説明、審議過程における質疑応答）については、最低限、押さえておく必要がある。

(2) その上で、地域の独自性を証明することである。つまり、地域の事情が法律（一般原則）とは異なることを明らかにすることで、逆にいえば、法律の立法事実は、これをそのまま地域に適用するには、検討過程あるいは内容が不十分であることを明らかにすることである。

(3) その方法のひとつが、市民参加システムである。国の政策は、業界団体を基盤とした情報収集や政策調整でできあがっているのに対して、自治体の強みは、市民を基盤にすることである。国はパブリックコメント制度を採用しているが、この制度は市民的正当性の点ではまだまだ十分とはいえないだろう。本格的・実質的な市民参加システムを導入することで、地域の事情を踏まえた条例・規則をつくることができる。繰り返しになるが、市民を基盤にするという点は、自治体が国に対抗できる唯一の強みである。それにはレッスンが必要であるが、第2章で詳しく論じている。

5 政策法務の展望と課題

1 多様な政策手法のひとつ

　自治体の政策手法は、大別して、法律による処分によって権力的に市民・企業を従わせる手法と自治体側の誘導・支援施策によって市民・企業を誘導する手法とがある。前者は強制・規制的手法、後者は誘導・支援的手法である。

　政策法務は、強要性を中核とする法務を政策実現手段とするものであるから、政策法務が特に意義を持つのは、罰則や行政処分によって強制的、規制的に行政目的を達成する場合である。

　ところが最近では、自治体の政策対象は、強制・規制的手法が有効な領域が減って、誘導・支援的手法が有効な領域が増えてきた。後者の協働領域では、法の強制力は有効に機能せず、条例をつくってもそれだけで条例内容が実現するわけではない。この領域では、法務だけでなく、行政の指導や誘導、さらには行政と市民との協働等の手法を総合的・重層的に積み重ねるなかで実現していくことになる。とりわけ、近年では後者の領域が広がりつつあり、その意味では法務という政策手法は旧いタイプに属し、また、政策全体のなかに占める位置づけも必ずしも大きくないことに注意しなければならない。したがって、法務だけで政策目的を実現できる政策課題は限定されている。

2 政策プロセスからみて

　自治体の政策決定プロセスは三つのステージに分かれている。政策の創生→政策の錬成→政策の公定である（図表1—3）。

　政策の創生とは、政策課題を発見・認識し、政策課題のノミネートテストを行い、政策課題として設定するまでの段階である。

　政策の錬成とは、達成目標を設定し、現状や課題を調査・分析し、複数の施策メニューを検討して、採用する施策メニュー・内容を決定するまでの段階である。この錬成段階が政策づくりのハイライトである。

　政策の公定とは、決定された政策を公表し、政策の公式審査を行なって、政策として決定する段階である。これまで条例の制定手続として議論されるのは、内部決定された条例が議会審査されるプロセスである。

　このうち、法務が最も活躍する領域は、政策の公定段階で、決定された内容を条文に仕上げる部分である。

　また、政策の錬成段階でも、検討している施策が憲法に適合しているか、法律の範囲内という条件を満たすか等の判断が行われるから、ここにも法務の出番はある。ただ、この段階で法務の検討が中心となる条例（私の場合は個人情報保護条例）は、机上で検討できることから、政策マンにとっては「もらったようなもの」といえよう。

3 政策の総合性のなかで—法務の位置づけ

　すでに法務の位置づけが限定的であることについては、一般論として述べているが、ここではその具体例を私の経験から述べておこう。

図表1—3　政策形成プロセス

政策計画プロセス

[第1ステージ]　政策の創生
(1) 政策課題の発見
(2) 政策課題のノミネートテスト
(3) 政策課題の設定

[第2ステージ]　政策の錬成
(1) 現状調査
(2) 最終目標の決定
(3) 目標達成手段・代替案を考える
(4) 目標達成手段・代替案の分析
(5) 必要資源等の見積り
(6) 基本的な方向、達成手段等の決定
(7) 基本戦略を決定する（スケジュール等）
(8) 庁内調整・合意
(9) 外部調整・合意

[第3ステージ]　政策の公定
(1) 稟議・方針決裁
(2) 政策の公表（マスコミ等）
(3) 政策の公式審査
　・条例議会提案・審議
(4) 政策の公布・施行

（左側）政策形成過程の公開
（右側）市民参加・審議会・PC・公聴会

政策実施プロセス

政策評価プロセス
(1) 政策が狙いどおりに施行されているかの調査
(2) 計画と実施の違いを発見
(3) 差異の是正処置
(4) 運用是正できないときは、新たに政策立案を決意

●政策法務の展望と課題

現場の責任者をしていた時のことである。美容院の店主から、水道料金がおかしいという申し出があった。最近、店のほうは景気が悪いのに、いやに水道料金が高いというのである。不思議に思って調べてみると、美容院が依頼した工事店が、メーターを取り付ける位置を誤ってしまったために、結局、美容院とその裏側にあるアパートをダブルカウントしてしまっていたのである。美容院は他人の水道料金まで支払っていたのである。遡るとその期間は21年にわたっていた。水道局とすると取り過ぎている料金を返すことになるが、どうするかである。

　水道実務では、水道料金は施設利用の対価と考えられている。水道は設備産業であるから、水道料金は水という商品の売買代金ではなく、水道施設の使用料と考えているのである。水道料金は地方自治法第236条の公法上の債権と考えられ、5年で消滅時効にかかり、時効の援用も要せず、放棄もできないことになっている。あなたならどうするか。

　この法律論でいえば、5年分を返還すればよいことになる。これに対して相手方から、水道料金は実体を見れば私法上の債権であるから、地方自治法ではなく民法の適用があるはずだという反論が出れば、それは裁判で争えばよいことになる（争訟法務）。

　しかし、私が出した方針は、それではあまりに杓子定規ではないか、過払いの証拠もきちんとそろっているのだから、客観的に取り過ぎた範囲で返還すべきではないかというものである。公平や信頼というレベルで活動している地域の役所としては、法律を杓子定規に当てはめるべきではないと考えたのである。ただ、返還はこうした素朴な感情だけではできない。それなりの法律上の理

屈がいる。その理屈をどうつけるかである。

　まず、思いつくのは、水道料金を水の使用（売買）にともなう債権と考えることである。水道料金は施設利用の対価とするのはたしかに実感とあっていないし、判例も私法上の債権といっているものも多い（なお、平成15年10月に最高裁判所は、水道料金は私法上の債権で、民法第173条第1号に定める2年の消滅時効が適用されると判示した）。民法の適用があれば、こちらの過失を認めれば20年分は支払う根拠になる。法律上はこの考え方はすっきりしている。

　ところが、実務では、こうした単線的な法的思考だけでは結論を出さない。実務ではどのような考えるか、判断過程の一端を示しておこう。

　たしかに法的構成を変え、水道局の過失を認めれば20年分は返還可能になる。このケースでは妥当な結論になるかもしれない。しかし、

　①この考え方を採用すると、今後は、わが市の水道料金は、私法上の債権という取り扱いになる。直接的には2年の短期消滅時効が適用されることになるが、水道料金収入が減少しているなかで、経営の根幹にかかわる決定には総合的な判断が必要になる。一事例の救済のために方針転換すべきではない。もし、私法上の債権ということになると、時効の中断というややこしい話もでてきて、権利関係が何年にも不安定なまま続くことになる。膨大な件数である水道料金がかような状態になるのは、役所にとっても市民にとっても好ましいことではない。

　②水道局のシステムは、5年で機械的に時効にかかることを前提に組み立てられている。人員体制もこれを前提に配置しているし、コンピュータシステムも

整備している。この体制を変更するとなると、新体制で必要な人、物、金をシュミレーションし、余った（あるいは足りない）人、物、金の手当ての目安をつけたうえで決断することになる。

③わが市のシステム変更は、わが市だけの問題ではない。全国の水道事業体が注視しているのである。わが市の方針転換が全国をリードすることになるということを踏まえて決断しなければならない。

④もし、この問題が、構造的なところから派生しているのならば、この際に徹底的にやろうという判断になるが、20年に1回あるかないかのイレギュラーな事件である。例外事例を基礎に、そこから執行体制や事務作業を組み立てなおすことは好ましくない。

⑤これだけの金額の損害賠償事件となれば、議会の議決案件になる。議会で私たちの過失を説明して、頭を上げることになる。しかし、おそらく、この話を持ち出せば、トップは法律どおりの5年でいけという判断になろう。それを説得する自信は私にはとてもない。この面からも採用できる法律構成が限定される。

　こうした判断の末、私が編み出した法律論は、ここで開陳する勇気はとてもないが、ともかく双方にとって妥当な金額を導き出す理由付けになったと思う。

　ここで言えることは、自治の現場では、こうした総合判断の結果、政策決定がなされているということである。少なくとも形式的な法律論だけでは決定しない。これは単純なスジが通った話は、多くの場合、実質的な妥当性に乏しいという経験則を学んでいるからである。

　むろん、私のこうした判断に対しては異論が出ると思う。やや旧型の政策マンに属する私の発想は、NPMの

時代では、古めかしい温情主義で克服されるべきものかもしれない。また政策法務の時代にあっては、法務研修のやり直しリストにリストアップされてしまうかもしれない。ただ、今日の政策法務は、総論の段階を超えて、こういう各論の部分で各自がどう判断し行動するかの段階に入っていることは間違いない。みなさんなら、このケースではどう対処するか。各自考えてみてほしい。

4 議会との関係を変える

　政策法務とは、これまでのように行政内部の要綱等で処理していたやり方を改め、議会が関与した条例で対応していくやり方に変更することである。また政策法務の考え方に基づく条例づくりは、条例で大綱を定め、あとは要綱で運用するという方式ではなく、できるかぎり詳細に条例に書きこむということになる。要するに、議会と協働で政策をつくっていくことであり、自治体職員サイドも議会との協働を厭わないということでもある。政策法務は、議員の役割や意識・行動、行政と議会との関係を変えることになる。

　ここでは議会サイドから、政策法務によって、議会（議員）がどう変わるかを示しておこう。

　第一に、議員が、政策に積極的に関わる機会が増加する。つい最近まで、議員が「政策提案をすることは市と対峙するもの」ととらえられ、「政策提案をせずに行政側に頼んで実施させるのが議員の実力」と考える議員も多かった。また会派のしばりが強くて、議員個人が政策提案することも容易ではなかった。しかし、政策法務の広がりは、一人ひとりの議員が、それぞれの問題意識で政策立案に取り組む機会となる。

　第二に、議員提案の条例も増えていくことになる。こ

れまで議員提案の政策条例はほとんどなかったが、議員が政策に関わる結果、それを条例という形式で提案することになる。

　第三に、行政との協働が必要になる。予算を握り、実際に運用するのは行政であるから、行政を無視して条例を提案しても、実効性の乏しい理念条例になってしまう。それにとどめず具体的な制度を盛り込もうとすると、行政との連携が必要になる。議員も行政との協働作業を敬遠しがちであったが、条例づくりをきっかけに、両者の関係が親密になる。

　第四に、議員のサポート体制が変わっていく。議員の立法機能の強化というと議会事務局のスタッフの増員強化が中心であった。しかし、これまでの実績が乏しいなかで、急にそんなことをいっても説得力があるはずもなく容易に合意が得られない。まず実績を示すことである。その対案のひとつがNPOとの協働である。最近では、政策提案能力を持ったNPOが増えている。NPOとの協働で、新たな提案や行政が出してくる政策案に修正をかけることができる。そのため政務調査費の一部を使えば、とかく使途が不明瞭だという疑念も晴れるだろう。

5 法治主義からの批判

　政策法務にとって法治主義の観点からの批判は重要である。法治主義とは、行政権も法によってコントロールされるというもので、政策手法として条例を使うという発想は、結果として法の厳格性に対するツメが甘くなってしまい、政策法務論は法を「行政政策の侍女」にし、法治主義を歪める危険性があるとされる（小早川光郎編『地方分権と自治体法務』ぎょうせい　2000年など）

法務によって政策を実現しようと、一生懸命に取り組んでいる政策マンには、この議論は抽象的でなかなか実感が伴わないと思うが、次のような具体例で考えてみたらどうだろう。このケースでは、あなたはどのように行動するだろうか。

　2000年ころ、各地で旧オウム真理教信者の住民登録を拒否する事件が頻発した。住民登録は住み始めてはじめて登録できるが、すでにそこに住んでいる信者の転入届の受理を拒否し、一旦受理した住民登録を削除するといったことが行われた。住んでいるという事実を確認するにすぎない住民登録を拒否する論理にはもともと無理があるが、首長の方針として、オウム信者の申請を拒否するための理屈を考えろといわれたときに、政策法務を学ぶあなたはどうするかである。

　方向は二つある。

　第一は、「自治を実現するため」に、住民登録を拒否する論理を考える方向である。

　第二は、「自治を実現するため」に、法律にのっとって受理の論理を貫徹する方向である。後者の場合は、首長や上司の意向に反することになる。

　こうした事態に直面したとき、多く政策マンは、第一の方向で法的対応を考えることになると思う。なにせ首長の直々の指示であるし、多くの市民の後押しもある。組織の論理というのは決して柔ではないことは説明するまでもないだろう。

　要するに政策法務の最大の弱点は、首長の指示や市民ニーズに合わせた迎合主義になるおそれである。このケースのように「自治の実現」も、一定ではなく融通無碍である。自治体がたてた政策目的だからといって常に正しいわけではなく、また市民ニーズがあるからといっ

て、それで正当ということにはならない。しかし、市民ニーズに直面し、それを自治体運営の大きな拠り所としている自治体は、感情に流されやすいという弱さを持っている。政策法務は、市民の素朴な感情に合致した結論に適合する理屈を補強するという役割を担うことになりやすい。このケースで私が担当者であったらどうしたであろうか。どちらの道を選択するか。正直、私にも自信がない。

　こうした自治体の行き過ぎをチェックし、指針を示すのが法である。法の厳格解釈によって、自治体の行動にチェックがかかるわけである。その意味で、政策法務は、法治主義を形骸化するおそれがあるという指摘は、常に肝に命じなければならない。しかし、ただ肝に銘じるだけでは、組織のなかにいる政策マンは、ついつい流されてしまう。精神論だけではない制度的・システム的な担保制度を準備しておく必要があるであろう。

　そのシステム化にあたっては、再度、法律至上主義や国によるチェックシステムに戻るのは本末転倒である。その体系化は、本書の目的から外れるから別の機会とするが、政策法務論を自治体政策論全体のなかから再構築することだと思う。

第2章　政策法務のレッスン

　以上のように、政策法務は有用ではあるが、その取り扱いは簡単ではない。政策法務の担い手である自治体の職員や議員、市民が使いこなせるようにするには勉強や訓練が必要になってくる。本章では政策法務のレッスンについて考えてみよう。

① レッスンの受け手 ──自治体職員像

■礒崎教授の3分類■

　法務と自治体職員の関係について、元神奈川県庁（中央大学）の礒崎初仁さんは、次の3タイプに分類・整理している（地方自治ジャーナル213号　1996年）。
　①法律に弱く法律に使われる職員（タイプ1）
　②法律に強く法律に使われる職員（タイプ2）
　③法律に強く法律を使おうとする職員（タイプ3）
　礒崎さんによると、それぞれのタイプは次のように説明されている。
　まず、タイプ1であるが、これは上級行政庁のマニュアルに忠実に仕事をする人である。かなり多数の職員がこれに該当する。
　タイプ2は、法律や通達に忠実に仕事をする人である。例えば個別法の許可制度を使って何かできないかが問題になったような場合、「いや、これは機関委任事務

で、国から通達が降りてます。通達にはこれこれこういうふうに書いております」といって、出鼻をくじくタイプである。基礎自治体ではあまり見たことはないが、たしかにこういう職員もいるだろう。

　タイプ3は、「機関委任事務であっても、処分庁には一定の裁量があるはずで、法律そもそもの目的からはこう解釈できるはずだ」といえる職員である。

　第3のタイプの職員が理想で、第1、第2タイプの職員を第3タイプの職員とするために、政策法務研修を行うべきということになろう。

■私の4分類■

　礒崎さんは職員を3つのタイプに分類しているが、少数ではあるが、もう1つ別のタイプの職員がいると思う。つまり、「法律に弱いが法律を使おうとする（法律に使われない）」というタイプで、私は、このタイプの職員を無視できないと思っている。

　まず、形式的にみても、礒崎さんの3分類は、法律に強いかどうか、法律に使われるかどうかという観点から分類しているが、そうだとすると「法律に弱いが法律を使おうとする（法律に使われない）」タイプも論理的には存在しているはずである（図表2—1）。

　そして、実際に、公害やまちづくりで、国の法律を乗り越える先駆的な政策をリードしてきた人たちの顔を思い浮かべてみても、どう贔屓目に見ても、彼らは「法律に強く法律を使おうとする」タイプではないからである。むしろ「法律には弱い」かもしれないが、「法律に使われない」あるいは「法律を使いながら」、自治を具体化してきているからである。

　整理すると次のようになる。

図表2―1　法務と自治体職員の関係

法律に強い

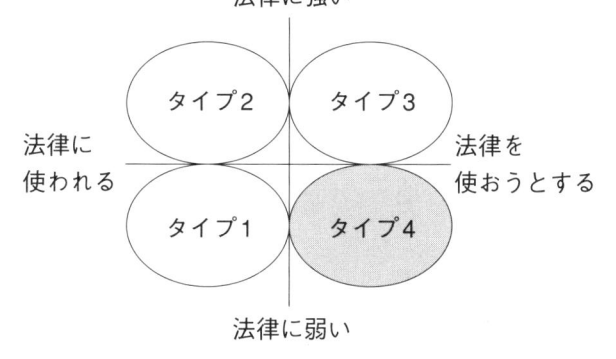

タイプ2	タイプ3
タイプ1	タイプ4

法律に使われる　←→　法律を使おうとする

法律に弱い

　(1) 第3のタイプ（法律に強く法律を使おうとする）が理想型で、こうした職員づくりを目標とすることはその通りだと思う。こういう職員が増えてくれば、自治はもっと充実するだろう。しかし、目標が高すぎて、やや現実感に乏しいという感じも否めない。私自身は、こういう人をほとんどみたことがないし、いたとしてもあっという間に出世して政策現場から離れてしまう。実際、あなたのまわりに、こうした人がどのくらいいるだろうか。

　(2) 第4のタイプ（法律に弱いが法律を使おうとする）は、個々の実定法には強くないが、憲法の基本原理や地方自治の本旨といった「法」には強い職員である。こういう人ならあなたの回りでもいるだろう。いきなり出てきた政策課題に対して、政策のポイントを直感して、そこから政策の方向性を示すことのできる人である。彼らは、なぜ、そんなことができるのか。おそらく問題の本質を嗅ぎ分ける洞察力、地方自治の本質に対する理解力、それを仕事に具体化する実行力が身についているのだろう。うらやましい限りである。

　(3) 第2のタイプ（法律には強いが法律に使われる）

は、もっぱら批判の対象であるが、私は必ずしも悪印象をもっていない。法的知識があるのだから、期待が持てると思う。鍛え甲斐があるということである。

（4）第1のタイプ（法律に弱く法律に使われる）には、かなりの職員が該当しよう。このタイプも批判の対象であるが、地方の時代のリーダーであった元神奈川県知事の長洲一二さんは、地方の時代は定型的な事務を着実にこなす職員に支えられているといっている。同感で、法律を忠実にこなす職員の存在を軽視すべきではないと思う。

■第3のタイプへの道筋■

　第3のタイプ（法律に強く法律を使おうとする）が目標とすると、重要なのは、こうした職員をどのように育成するのか、その道筋を考えることである。政策法務は、理念や抽象論の段階を過ぎて、こうした具体的プログラムを開発する段階に入っている。

　さて、そのプログラムであるが、少なくとも憲法や地方自治法の講義を受けたり、条例づくりのワークショップを行ったくらいでは、こうした職員をつくり出せないだろう。当面の私の対案は、政策現場で壁にぶつかりながら高く掲げた理念を一つひとつ具体化していくという平凡なものである。

　第2のタイプ（法律には強いが法律に使われる）の職員を変えていくのは、政策マインドをつけることだと思う。その方法は、政策現場で逃げずに大きな政策課題にぶつかっていくことだと思う。「国の通達……」などといって、ごまかさないことである。一度正面から思い切ってぶつかれば、あっという間に開眼すると思う。

　第4のタイプ（法律に弱いが法律を使おうとする）

は、政策マインドは十分なのであるから、彼らに法的な知識がつけば鬼に金棒である。彼らには行政法や民法の講義は有効だろう。

　第1のタイプ（法律に弱く法律に使われる）の職員には、政策マインドと法的素養を同時に備えつけさせなければいけないが、政策マインドについてはすでに述べたとおりである。法務については、あせらず基礎から段階的にステージをあげていけばよいと思う。まずは法律に慣れて、法律を怖がらない法的思考力や知識を身につけたうえで、自治を実現するための法知識の習得に移ればよいと思う。

② 法務の基礎レッスン

1 基礎レッスン

　学ぶべきことはたくさんあるが、ここでは基礎レッスンとして3つだけを示しておこう。

《ポイント１》法務に慣れる

　まず、前提事項であるが、自治体業務の大半はルーチン業務で、条例づくりに関われる職員というのはきわめて稀であるということである。そして、ルーチン業務のほとんどは、マニュアルにより標準化されており、職員はこのマニュアルに従って業務を行っている。それゆえ日常の業務のなかで、根拠法や条例に遡るということは、ほとんどないのである。自治体職員は、常に法律や条例に遡るべきであるというのは心構えとしてはあっても、日常的に行うことではないのである。つまり法務能力の習得は、職員は日頃は法律や条例を見ることが少なく、それゆえ法律や条例に遡って考える機会や経験が乏しいというところから出発しなければならない。
　ところが、現在、各自治体で行われている法務研修のメニューをみると、職員を研修所に集めて、法学の基礎を学び、ワークショップで政策課題を議論し、仕上げに条例案を書くといった研修が多いようである。これは、研修する立場からはやりやすい方法であるし、また向学心に燃えた職員には有用な方法であるが、マニュアル処理になれた一般職員向けとしては、非日常的で高度に過ぎると思う。このような研修によって、現場で実用でき

る法務能力を獲得させることは容易でないだろう。

　そこまでの教授力に自信がない私とすると、ごく普通の一般職員向け法務研修メニューの開発が待たれるが、それが開発されるまでの間は、日頃のOJTのなかで法的思考力をつけていく方法を活用すべきと考えている。現場中心主義の古くさい手法のようにもみえるが、実践的で効果的だからである。

　例えば、ルーチン業務をマニュアルにしたがって処理していても、マニュアルでは解決できない例外問題が必ず発生する。実務ではこれをトラブルというが、これを解決して市民に納得してもらうには、制度の根本にさかのぼり、法律や条例をひもとかなければ答えがでないからである。トラブルは、法律や条例を勉強するよい機会となる。

　ただ、残念なことであるが、こうしたせっかくの法務研修の機会も、うまく活用されていないのが実情だろう。基礎自治体では、トラブルは管理職の仕事となっているところが多く、トラブルが発生すると、職員は「係長よろしくお願いします」と安易に管理職を頼り、市民も「平職員では話にならない。責任者を出せ」と迫るからである。

　こうした現状は、職務に対する自覚という点で職員にも問題があるし、職員を育てる責任を果たしていないという点で管理職にも問題がある。むろん市民自身の権威主義も問題だと思う。「全ての自治体職員が法務能力を身につける」というのは勇ましいが、まず、こうした日常的・基本的な仕事の仕方から直していけなければ砂上の楼閣、言葉だけの世界になってしまう。第三の改革（地方分権）は地道なことではないかと述べたが、こうしたことも理由のひとつである。

《ポイント２》メリットを実感する

　　自治体職員が条例を使おうとしない理由のひとつに、条例は負担が大きい割にメリットが少ないということがある。つまり条例はコストパフォーマンスが悪すぎるのである。この点を指摘する論者はいないが、私は自治体職員にとっては、このコストパフォーマンスの悪さが、条例づくりを躊躇する最大の理由であると考えている。

　　まず負担であるが、何といっても議会審査である。議員に理解してもらえるように資料をつくり、どんな質問があっても答えられるように周到に準備する。どのくらい大変なのかは経験者でなければわからないだろう。太平洋のなかの孤島をイメージしてほしい。海上に出ている部分はほんの少しであるが、その裾野は何千メートルの海溝につながっている。そのくらいの膨大な作業を行うのである。

　　なお、こうした気遣いを条例（議員）だけにするのはおかしな話で、条例以外（市民）に対しても同じように行うべきであり、それが行政としての当然の責任ではないか。第一、議会審査を負担と感じる感覚そのものがおかしいという理屈は、理屈としては正当だと思う。正当ではあるがコストパフォーマンスの悪さを解消してくれる答えにはなっていない。行政（自治体職員）に対する議会（議員）の存在の大きさと議会（議員）の政策能力の乏しさをセットで解決していくべき課題だろう。

　　次に、負担に見合うメリットである。

　　政策内容が市民の権利を制約し義務を課すといった場合は、地方自治法上、条例によらざるをえず他に選択肢がないから、ある程度の負担も受容せざるをえない。この場合は覚悟ができるのである。

問題は、わざわざ条例によらずとも要綱や指針でも対応が可能なものについてである。この場合は、負担とメリットのコストパフォーマンスのせめぎあいが顕在化する。
　一般に条例化のメリットとしては、
　①市民の代表である議会の審議を受けることで正当性が高まる
　②条例は法的な拘束力をもっており、法の力で目的を実現できる
　③条例は公正・透明性に優れており、手続的にも正当性が高い
等の理由があげられている。
　これらはその通りであるが、私が考える条例化の最大のメリットは、もう少し実践的・経験的である。
　それは、条例とすることで議会や市民の注視のもとで作業が行われ、それが自戒や発奮の動機づけになり、結果として条例内容が充実することである。ひらたく言えば、自治体の政策マンは、よい政策をつくりたいと思っているが、条例の場合は議会や市民から見られていることで、がんばる刺激になるからである。仕事は多少、手足を縛らないと進まないというのが私の26年の経験であるが、条例は縛りとしてはちょうどよいのである。たしかに議会審査に伴う負担は重いが、結果的によい仕事ができることになると考えると気が楽になる。
　ただ、この私のメリット論は「苦痛も悦びに変わる」というやや妖しい論理であるから、多くの自治体職員の受け入れるところとはならないのではないかという反論もあろう。たしかに私の論理は、自治体政策マンとして、よりよい政策をつくろうと考えてはじめてメリットになるもので、おざなりの仕事でお茶を濁そうと考えて

●法務の基礎レッスン

いる職員には、決してメリットにはならないところに根本的弱点がある。

このような反論も一理あるとすると、政策法務が有効に機能するには、自治体職員がよい政策をつくろうという高いモチベーションを持っていることが必要で、したがって政策法務のレッスンには、法的知識の習得だけではなく、自治体職員をその気にさせる研修も必要であるということになる。私の言葉でいえば、自治体職員が「自治を担うという自覚的な認識」と「よりよい社会を実現するための社会的戦闘力」を持てるような内容でなければならない。

なお、最近では、「条例の整備・活用に関する指針」（横須賀市、埼玉県など）を定め、条例によらなければいけないケースをルール化する動きがある。これも手足を縛るひとつの方法ではあるが、私とすると、一人ひとりの自治体職員がよい政策をつくろうという高い志を持てるような仕掛け（処遇、給料も含めて）にも力を入れて欲しいと思う。

《ポイント３》法律を乗り越える技術

本来、法律と条例には上下関係があり、条例は法律に反することができない。したがって、どう転んでも形式的には、条例が法律を越えることはできないのである。そこで、考えられるのが、実質的な意味で条例が法律を乗り越える技術を開発・改良することである。この法律を乗り越える技術が、政策法務における中心的論点のひとつである。

この点については、次のような技術が考えられる。

第一に、法律にふれないようにすること、いいかえれば、法律との正面衝突を避け、法律側から文句が出ない

立法技術を開発するものである。

　判例や学説を踏まえると、
　①条例の目的を法律とは別の目的とする
　②条例の対象事項を法律とは異にする
　③条例の内容を行政指導とする
　④「努める」といった表現方法を工夫する
といった方法がある。

　第二は、条例の立法事実を明らかにすることで、つまり既存の法律はあくまでも全国水準を定めるもので、地域の特殊事情を規制するものではないとして、条例の正当性を主張する方法である。言い換えれば、法律よりも条例のほうが正当であることを証明することで、実質的に法律を越える条例をつくろうというものである。こちらのほうが正攻法のやり方である。判例も、法律の範囲内かどうかは、形式的に判断しているわけではなく、実質的に判断している。

　ここに正当とは、内容（立法事実）が正当であること及び制定手続が正当であることである。つまり、自治体の立法が市民ニーズに裏地された合理的な理由があること、それがきちんと事実認定されることに加えて、慎重に配慮された手続でつくられていること、特に市民参加がきちんと行われていることが重要である。こうした作業をすることで、自治体は国と勝負できるのである。

　その他、いくつかの試みがあるが、なかなか決定打にはならないようである。日本のように、何かあるとすぐ法律がつくられ、規律密度が高い状況のなかで、事実上、「法律の範囲を超えて」立法・解釈するという道はそう多くはないだろう。さらなる法技術の開発が必要であるが、この点は、私の能力と関心を越えるので、ここではその議論に深入りしない。

2 設問では

　最初の設問にもどって考えてみよう。
　このケースでは、当面の課題は放置自動車の撤去であるから、まず自動車を放置した人に迅速に撤去してもらうことが第一である。次に、やむなく市が片付けることになった場合は、適切な処分ができるような仕組みを考えることである。こうした点を踏まえて条例をつくっていくには、どういう対応を行うのか。法務の基礎レッスンに関連して主なポイントを概観してみよう。

■現況を調べる■

　どんな政策づくりでも、真っ先に行うのが現況調査である。本設問では、どのくらいの放置自動車台数があるのか、放置されている場所はどこなのか等、放置自動車の現況を調べることになる。
　大阪府が行った調査（環境審議会放置自動車対策検討部会）をみると次のようになっている（図表2—2）。
　まず、放置自動車の台数であるが、大阪府下で確認されたものだけでも、平成14年度で7,862台となっている。大阪府だけで自動車が約8千台近くも放置されているというのは尋常なことではない。しかも、その数は、平成10年よりほぼ一貫して増加していることから、できるだけすぐに取り組むべき政策課題といえる。
　次に、放置されている場所であるが、この調査では大部分が道路上となっている（83％）。次いで、港湾区域（10％）、公営住宅敷地（2％）、河川敷（2％）である。これは、この放置自動車の当事者・関係者はだれか、その処理に当たって関連する法律は何かを調べる手がかりとなる。

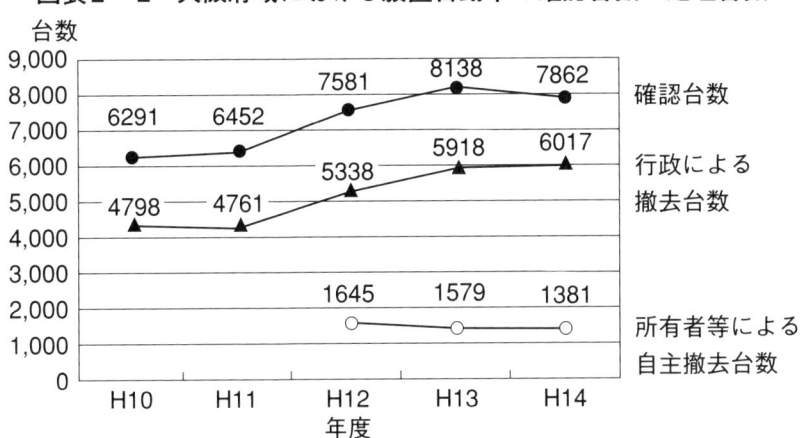

図表2—2　大阪府域における放置自動車の確認台数・処理台数

年度	H10	H11	H12	H13	H14
確認台数	6291	6452	7581	8138	7862
行政による撤去台数	4798	4761	5338	5918	6017
所有者等による自主撤去台数			1645	1579	1381

■対応の現況を調べる■

　　こうした放置自動車がどのように取り扱われているか、撤去状況に関する調査である。

　　同じ大阪府の調査では、所有者等が自ら撤去した放置自動車は、平成14年では撤去台数は1,381台、撤去率では18％にとどまっている。これに対して、行政が撤去したのは平成14年度で6017台、撤去率は77％にもなっている。しかも、経年の傾向をみると、所有者等が撤去したものが減少し、これに対して行政が撤去するものが増加傾向となっている（図表2—2）。

　　本来、所有者等が責任をもって処理すべき放置自動車を、行政が税金を使って肩代わりしているのは正常なことではない。このままの状態を続けるのは、不公平であるし、無責任さを助長することにもなる。

　　この点からも、放置自動車問題は重要な政策課題であり、すぐにでも対処すべき課題ということになろう。

■現行法を調べる■

　既存の法律でカバーできればあえて条例をつくる必要はない。その場合の自治体の施策は、法律の所管部署が迅速・適切に処理するように要望し、あるいは自治体として側面からサポートするものとなる。
　そこで、関連法を調べる必要があるが、かつては、この関係法令の調査は勘と経験の世界であった。しかし、最近ではインターネットで容易に検索できるようになった。
　最も強力なのが、国が運営する「法令データ提供システム」(http://law.e-gov.go.jp/cgi-bin/idxsearch.cgi　総務省行政管理局)である。このシステムでは、法令(憲法・法律・政令・勅令・府令・省令・規則)に出ている用語を検索して調べることができる。ここに、放置自動車関連の用語(投棄、放置など)を当てはめて検索することになる。
　試みに、投棄で検索すると30件の法令がピックアップされるが、このうち放置自動車の撤去、処理に関連する法律としては、道路法、道路交通法、自動車の保管場所の確保に関する法律(車庫法)、遺失物法、民法、廃棄物処理法などがある(図表2—3)。

■対応表をつくる■

　次に、これら法律を整理して、何を規制し、対象としているかを調べることになる。それをまとめると次のようになる(図表2—4)。
　この部分は、法律が錯綜していると整理に多少の手間がかかるが、時間をかけて丁寧に行えば、特に法律を知らなくてもできない作業ではない。

図表2―3 放置自動車関連の法律

道路法	道路の管理面	・道路に土石、竹木等の物件をたい積し、道路の構造や交通に支障を及ぼすおそれのある行為を禁止（第43条第二号）。放置自動車は「土石、竹木等の物件」に該当する。	・道路管理者はその除去を放置者に命じることができる（第71条①）。 ・放置者を認知できないときは、道路管理者は自ら除去できる（第71条③） ・所有者等が不明のため除去を命じることができないときは自ら除去できる（第44条の2）。
道路交通法	交通の安全・円滑	・違法駐車しているときは、運転手に対して移動すべきことを命ずることができる。（51条①） ・何人も、交通の妨害となるような方法で物件をみだりに道路に置いてはならない（76条③）	・警察官は、必要な限度で当該車両を移動できる（第51条②） ・物件を置いた者に対して、必要な措置を命じることができる（第81条①） ・除去を命じることができないときは自ら除去できる（第81条②）
車庫法	道路使用の適正化	道路を自動車の保管場所として使用してはならない（第11条）	罰則（第17条）
遺失物法	遺失物の取扱	遺失物を拾得した者は、権利者に返還するか警察署にこれを差し出さなければならない（第1条）	経費がかかる場合は売却して金で保管できる（第2条）。また、売却できないときは廃棄もできる（第2条の2）。
民法	所有権の帰属	遺失物は公告後6ケ月以内に所有者が判明しないときは、拾得者が所有権を取得できる（第240条）	
廃棄物処理法	生活環境の保全	・土地・建物の占有者（管理者）は、清潔の保持に努める責任がある（第5条①）。 ・何人も、公園、道路、河川、港湾その他の公共の場所を汚さないようにしなければならない（第5条③）。	・市町村長は一般廃棄物処理基準に適合しない一般廃棄物の処分が行われた場合は、その支障の除去又は発生の防止のために必要な措置を講ずべきことを命ずることができる（第19条の4）。
行政代執行法	行政上の義務の履行の確保		義務者が法律で命じられた義務を履行しない場合等で放置することが著しく公益に反するときは、当該行政庁は、自ら代執行し、又は第三者にこれをなさしめ、その費用を義務者から徴収できる（第2条）。

●法務の基礎レッスン

図表2—4　放置自動車関係法の対応表

場所	車両状態	所有者	適用法	担当
路上に放置されている場合	車両機能がある	所有者が判明	道路交通法	警察
			車庫法	警察
		所有者が判明しない	遺失物法	警察
	車両機能がない	所有者が判明	道路法	道路管理者
		所有者が判明しない	道路法（経済的価値あり）	道路管理者
			廃棄物処理法（経済的価値なし）	市町村長
路上以外の場所に放置されている場合	公共の場所	廃棄物として認定できない	遺失物法	警察
		廃棄物	廃棄物処理法	管理者
	私有地	所有者が放置	行政指導	管理者
		所有者以外が放置	遺失物法	警察
			廃棄物処理法	管理者

（自治研修研究会『地方行政ゼミナール』ぎょうせい　1986を参考にした）

■撤去までの手続き■

　こうした整理に基づいて、一定の処理手続が出来上がる。もし、法律所管の行政庁が、適切な処理を行っていなかったら要望を行い、自治体としてできることがあれば協力することになる。なお、道路上に放置自動車がある場合については、法令も整備し関係者も多いことから、撤去手続ができあがっている。図表2—5は、大阪府の事例である。

　これによると、市民からの通報やパトロールで、路上の放置自動車を発見した場合は、警察等へ照会し、その場合、所有者が判明したときは所有者に撤去指導を行

う。所有者が不明のときは、所有権放棄が認められるかどうかを判断し、放棄が認められる場合は、14日間経過後に撤去・廃棄しているが、放棄が認められない場合は、道路法に基づく除去等を行う。ただ、この除去までには3ヶ月の期間がかかるとのことである。

■隙間を埋める条例■

　放置自動車を撤去する法令があり、処理マニュアルも整っていれば、放置自動車は問題なく片付けられることになりそうである。ところが、実際には、そう簡単にはいかない。

　(1) 例えば、それが廃棄物かどうかの判断である。普通、その場における市民の常識的な判断では、ごみかどうかの区別は難しくないが、行政が措置する場合は単に常識的判断だけでは決定できない。法律的な解釈が必要になる。

　廃棄物処理法で廃棄物とは、ごみ、粗大ごみ、燃え殻、汚泥、ふん尿、廃油、廃酸、廃アルカリ、動物の死体その他の汚物又は不要物であって、固形状又は液状のものである（第2条①）。ここに不要物とは、占有者が自ら利用し、又は他人に有償で売却することができないために不要になった物を意味し、これに該当するか否かは、その物の性状、排出の状況、通常の取扱い形態、取引価値の有無及び占有者の意思等を総合的に勘案して判断することになる。要するに、廃棄物かどうかは客観的な様子だけではなく、主観も含めて総合的に判断することになる（しばしば社会問題になる「ごみ屋敷」は、占有者本人は価値があると信じているが、客観的にはどう見てもごみであるという、主観と客観の齟齬が問題の発端になっている）。一般に行政の行動傾向としては、争

●法務の基礎レッスン

図表2—5　交通上の障害となっている路上放置車両の処理方法フローチャート

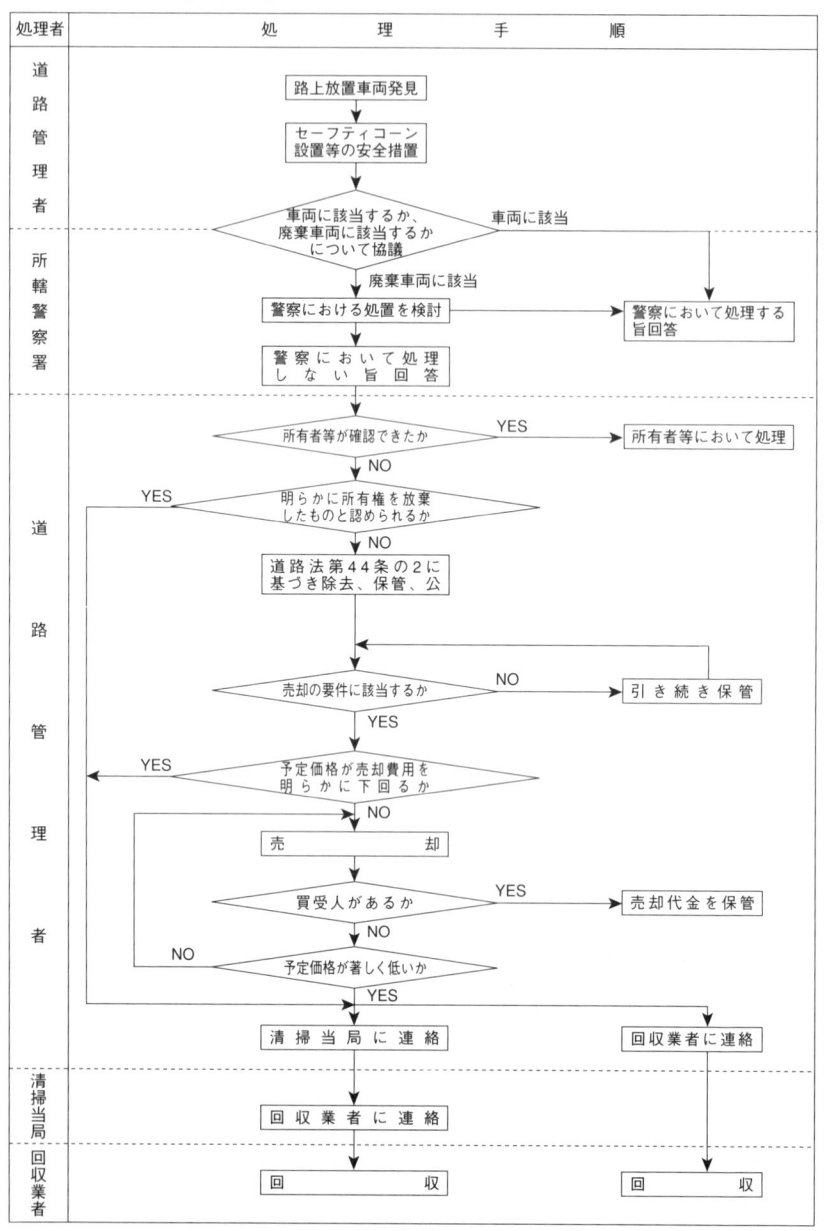

処理者	処理手順
道路管理者	路上放置車両発見 → セーフティコーン設置等の安全措置
道路管理者／所轄警察署	車両に該当するか、廃棄車両に該当するかについて協議 ・車両に該当 → 警察において処理する旨回答 ・廃棄車両に該当 → 警察における処置を検討 → 警察において処理しない旨回答
道路管理者	所有者等が確認できたか ・YES → 所有者等において処理 ・NO → 明らかに所有権を放棄したものと認められるか 　・YES → （売却へ） 　・NO → 道路法第44条の2に基づき除去、保管、公示 売却の要件に該当するか ・NO → 引き続き保管 ・YES → 予定価格が売却費用を明らかに下回るか 　・YES → 清掃当局に連絡 　・NO → 売却 買受人があるか ・YES → 売却代金を保管 ・NO → 予定価格が著しく低いか 　・YES → 回収業者に連絡 　・NO → （売却に戻る）
清掃当局	回収業者に連絡
回収業者	回収

（平成5年4月1日付衛環第115号交通上の障害になっている路上放置車輌の処理方法について）

●政策法務のレッスン

いが起こることを避けて慎重な判断を行うから、現場の常識と行政の判断との間に、ますます乖離が生まれることになる。

　そこで、行政の判断を手助けし、より常識的な判断が行えるような仕組み・手続きが必要になる。

　(2) 同じ道路上の放置自動車でも、道路法（道路管理者）、道路交通法（警察）とそれぞれ所管が異なっている。市民のニーズは、所管がどこだろうと、ともかく迅速に片付けてもらいたいというものであるから、通報体制、処理体制の整備が必要になる。通報者があちこちに連絡しなければいけなかったり、たらい廻しにならないようにするために、どこかに第一報が入ったら、所管部署がすぐに対応するようなシステムづくりが必要である。もし関係機関間で、お見合い、押し付け合いになっていたら、そうならないシステムづくりの音頭をとるのが、市民に身近な自治体の役割となる。

　(3) 道路法、道路交通法の適用があれば、移動命令や管理者による移動で除去できるが、空き地や公園などでは、これら法律の適用がない。現行法では、不足するところもあるから、法律のすき間を埋める仕組みを整備する必要がある。この範囲での条例づくりも必要である。

3 戦略性のレッスン

1 なぜ戦略性なのか

■地方政府としての自治体■

　条例の目的には、当面の（直接的な）目的と究極の（間接的な）目的がある。放置自動車を片付けてまちをきれいにするというのが当面の目的で、そもそも放置自動車が発生しない仕組みをつくるというのが究極の目的である。これは条例で、どの範囲までの目的を達成しようとしているのかという、政策の射程距離の問題でもある。

　例えば、「この条例は、自動車等の放置の防止及び放置された自動車等の適正な処理について必要な事項を定め、放置された自動車等により生ずる障害及び危険を除去すること」（岐阜市放置自動車等防止条例第1条）とされているのは、当面の目的が主たるターゲットである。市民の要望を直接受ける基礎自治体の場合は、当面の目的を実現するのは重要な役割である。

　しかし、分権時代の自治体は地方政府である。自治体が政府であることの意味は、ただ言葉の上だけのことではなく、実際に国と比肩して新しい社会をつくる役割を果たすというきわめて実践的なことである。地方政府としての自治体は、社会変革の担い手であることを強く認識して、かつ行動しなければならない。

　かように自治体の位置づけが明確になると、政策法務の意義もはっきりしてくる。当面の生活を守るためだけ

でなく、新しい社会を創造していくことも政策法務の目的のひとつである。

■国の政策・社会経済システム変革の担い手として■

たしかに、放置自動車にまつわる法的関係を整理して、市が処理すれば放置自動車はきれいに片付く。「放置された自動車等により生ずる障害及び危険」は除去されることになろう。しかし、こうした方法で「市民の安全で快適な生活環境及び自然環境の維持」をしようとすると、泥沼のイタチごっこが続くことになる。千代田区のようにポイ捨て防止のために、1億円の税金を毎年、支出し続けなければいけなくなるからである。

しかし、自治体は地方政府であるから、「市民の安全で快適な生活環境及び自然環境の維持」を実現するために、自動車が放置されないシステムづくりに向けた役割を果たさなければいけない。反面、これは生産、流通、販売にからむ問題で、社会経済システムそのものの問題でもあるから、自治体だけで完結的に解決することが困難な問題でもある。

この場合、自治体はどうするかである。

勇猛果敢に社会経済システムに立ち向かうのも一つの行き方である。ドンキホーテと揶揄され、壁に跳ね返されてしまうかもしれないが、それは無駄というわけではない。数年後に必らずくる変革のさきがけとして、後年、高い評価を受けるだろう。

ただ、資源・権限とも限界がある自治体では、多くの場合、そこまでの戦闘力を組み立てることは難しいから、通常の戦略としては、国に対して国が率先して取り組むべき政策課題であることを認識させ、国が取り組むように押し上げる方法を取ることになろう。

その方法であるが、国に要望するというのは現実的ではあるが、これは分権時代の地方政府のあるべき姿としてはやや寂しい。地方政府として、国を誘導していくような政策を自ら組み立てることになるが、政策法務はその政策立案のための有力な手段となろう。これが政策法務の戦略性である。

なお、こうした自治体の姿勢は、条例の目的規定に記述されることが多い。本質的な目的が書かれているか、当面の課題解決が目標とされているかで、自治体の気概が垣間見えるからである。しかし、だからといって、大仰な目的を書けばいいというものではない。それを書けば今度はどう実現するのが問われてくるからである。いいかえると目的規定には、自治体（市民も含めた）の力量が集約されて表現されることになる。

2 戦略性のレッスン

こうした戦略性のレッスンである。ここでは10のポイントを紹介しておこう。

《ポイント1》背景・原因を押さえる

戦略性の出発点は、政策課題の背景・原因をきちんと押さえることである。それによっておのずと、何が問題なのかが分かってくる。背景や原因には段階（レベル）があり、大別すると、直接的（表面的）な背景・原因と間接的（本質的）な背景・原因の二層構造になっている。政策づくりにあたり、どこまで踏み込むかの判断材料になる。

■直接的な原因と対処■

放置自動車問題が発生する一義的な原因は、放置者の

違法行為である。したがって、放置者が野放しで放置されることのないように、この点をきちんと押さえて施策を組み立てることが基本である。具体的には、①放置者に対する罰則の厳格な適用、②未然防止のための監視施策、③社会全体のモラルに訴える施策等が考えられる。
　ただ、これら施策の難点は実効性の確保が難しいことである。違法を承知の放置者にモラルを訴えても馬の耳に念仏であるし、山林や農地に監視カメラを設置するのも現実的でない。大半がいたちごっことなる。
　仮に市民を犯罪者として処罰しようとする場合は、行政側に、それなりの覚悟と揺るぎない裏付け（証拠固め・それを実施する体制整備）が必要である。そのうえで、担当者は（最終的には首長も）、それぞれの現場で、意を決して放置者に立ち向かっていくことになる。これは簡単なことではない。
　実は、それゆえ、こうした強制力を伴う活動は、これまで自治体が避けてきたことである。学者の議論では、行政の行き過ぎ（強制力の濫用）が取り上げられ、そこを基点に理論が体系化されるが、実際には、自治体の行かな過ぎ（強制力の節用）が問題である。その点からの理論の体系化も必要である。
　いずれにしても基礎自治体の仕事の現実は、その大半が地道で骨の折れる活動である。私は、自治を担う自治体職員にとって最も大事なのは、「自覚的認識と社会的戦闘力」と考えているから、自治体政策マンは、理論とともにかような地を這うような仕事もできることが資格要件だと思う。
　設問の事例では、放置の禁止や罰則等の条文を置くことが考えられるが、それを支えるものとして放置者を監視し、逮捕する仕組みを組み立てる必要がある。

●戦略性のレッスン

■**根本的な原因と対処**■

　放置者をターゲットにする施策はなかなか決定打にならない。そこで次には、いっそのこと、より本質的な原因に遡って、放置者が自動車を放置しない仕組みをつくってしまうことも考えられる。自動車のデポジット制度のようなものができれば問題のかなりの部分は解決するからである。

　このアイディアを具体化するには、なぜ自動車が放置されるのか、その原因や背景に遡って考える必要がある。

　まず、日本における使用済み自動車の処理フローがどうなっているか。図を見ながら概観してみよう（図表2—6）。

　日本国内では、使用済み自動車が年間で約500万台発生している。このうち100万台が輸出されるから、残りの約400万台が解体処理の対象である。

①この使用済み自動車が、解体業者に引き渡されるルートは3つある。メインは中古車の販売事業者や自動車整備事業者からのルート（70％）、次いで新車の販売事業者（25％）、また個人やユーザー（5％）が解体事業者に直接引き渡すケースもある。

②解体事業者は使用済み自動車を分解して、そこからエンジン・タイヤなどの再使用部品、非鉄金属・バッテリーなどの再資源化部品を回収する。

③シュレッダー業者は、廃車ガラから鉄や非鉄金属等を分別回収する一方、残ったシュレッダーダストを最終処分場に埋立処分する。

　このような処理の結果、エンジン、タイヤ、ドア電装部品などが部品としてリユースされ（20〜30％）、また

鉄や非鉄金属、バッテリーなどが素材としてリサイクルされる（50〜55％）。このように使用済み自動車が有価物（財産）として、流通していれば、これをみすみす放置するようなことは起こりえず、放置自動車問題も例外的な問題にとどまってくる。

　それが、なぜ放置されるようなことになってしまうのか。

　最大の原因が逆有償である。簡単にいうと、最終処分コストが高騰し、またフロンやエアバッグ等の処理コストも増加している反面、鉄スクラップ価格が低迷してしまい、使用済み自動車は利益を産まなくなってしまい、逆にその処理にはお金がかかるようになってしまったためである。

　少し詳しく見てみよう。

　廃棄物処理法施行令の改正によって、1995年からシュレッダーダストの埋立処分先が安定型処分場から管理型処分場に変った。安定型処分場とは、安定5品目と呼ばれる廃棄物、つまり埋めたてた際の性状が安定しており、有害物質の溶出等の危険が低い廃棄物を受け入れる施設である。これに対して、管理型処分場は、有害物質の溶解等の危険が高い廃棄物を受け入れる施設である。それゆえ管理型処分場では、埋立地から汚水の流出を防ぐための設備や浸出水を処理する設備等が必要になり、そのために建設コストが高くなり、それが廃棄物の搬入価格に反映する。また現在では、廃棄物処分場の建設はどこでも反対を受けるから、容易には建設できないことも最終処分費用を押し上げることになる（首都圏では1996年にはトン当り約一万五千円程度であった最終処分費が2001年には約三万円程度になった）。

　他方、鉄のスクラップ価格であるが、相場は上下する

● 戦略性のレッスン

図表2—6 使用済み自動車の流れとリサイクル

メーカー	ディーラー等	新車販売 約561万台	最終ユーザー	ディーラー（約18,000）	25%	解体事業者（約5千社）	再使用部品 20〜30%（エンジン、ボディ部品、電装品）
			使用済み車約500万台	中古車専門店（約50,000） 5%	70%		再資源化部品 約15%（エンジン、触媒、非鉄金属、タイヤ）
インポーター	ディーラー等	輸入車販売 約27万台		整備事業者（約80,000）			廃車ガラ（エンジン、タイヤ等を取り外した外枠だけの状態）55〜65%
				路上放棄車 → 地方公共団体			

輸出（約100万台）

CFC12（フロン）→ フロン回収システム

エアバッグ → エアバッグ適正処理システム

→ マニフェストの流れ

（『自動車のリサイクルの促進に向けて』平成13年4月　産業構造審議会環境

が、近年は全体には低迷傾向で、1986年には一万五千円を割り込み、1998年には一万円を割り込むようになっている。要するに、低迷した鉄スクラップ価格では、シュレッダーダストの処分費用をカバーする利益を出しにくくなってしまったのである。

　こうしたダブルパンチで、それまで有償で引き取られていた使用済み自動車も、処理費用を逆に処理依頼者側が負担しなければ回収されなくなったのである。これが

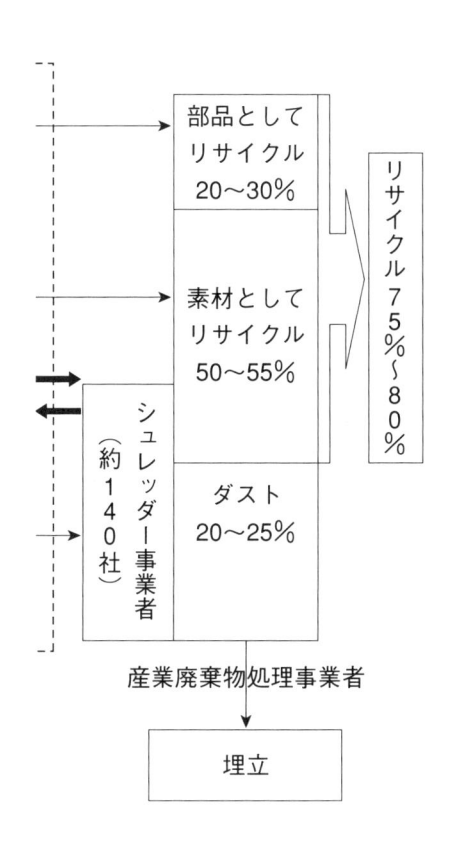

```
         ┌──────────┐
    ┌───→│部品として │──┐
    │    │リサイクル │  │
    │    │20〜30%   │  │┐
    │    ├──────────┤  ││リ
    │    │          │  ││サ
    │    │素材として│  ││イ
    ├───→│リサイクル│──┤│ク
    │    │50〜55%   │  ││ル
    │  ┌─┤          │  ││75
    │  │シ├─────────┤  ││%
    ⇒ ⇐│ュ│          │  ││〜
    │  │レ│ダスト   │  ││80
    │  │ッ│20〜25% │──┘│%
    │  │ダ│          │   │
    ├─→││事│          │   │
    │  │業│          │   │
    │  │者│          │   │
    │  │(約140社)│    │
    └──┤│          │
       └──────────┘
         産業廃棄物処理事業者
              │
              ▼
          ┌──────┐
          │ 埋立 │
          └──────┘
```

審議会資料に基づき作成)

　逆有償である。
　そのため、①解体業者やシュレッダー業者が、処理費用を免れるために不法投棄したり、②処理費用負担を避けるために、ユーザー等が路上放棄等を行うという状況が生まれてきたのである。
　設問の条例化に当たっては、こうした経緯を前文に記述したり、背景等に関する調査の条文をつくることになる。

《ポイント２》政策選択の視点を決める

　自治体がとるべき政策はいくつもあるが、大別すると①自助努力型政策と②他者働きかけ型政策に分けることができる。

　放置自動車の原因のひとつである逆有償だけをとらえても、①最終処分場の逼迫、②環境保護対策費等の増加、③スクラップ価格の低迷等が原因となっているから、それぞれに応じて、この二つの政策選択が可能である。

　まず、自助努力型政策の例としては、自治体が安価な最終処分場を建設する方法、あるいは自己の処分場に放置自動車を受け入れるという方法も考えられる。また、経費の増加やスクラップ価格の低迷に対しては、自治体が価格填補するという方法も考えられる。もし、この施策を採用することにすれば、条例の具体的メニューとしてこれらを記述することになる。

　ただ実際には、こうした政策は事業者責任の原則に反するし、また経費も膨大になるため、バブル期ならばともかく、実際の選択肢としては非現実的である。だからといって、自治体が価格補填するといった政策がまったく荒唐無稽というわけではない。例えば、古紙回収に対する奨励金であるが、これは逆有償の部分を自治体が事実上、補助金として負担するものである。市民のリサイクルを支援するという点では意味のある政策であるが、自動車処理費に税金を出すと同じことが行われているのである。

　次に、他者働きかけ型政策の例としては、使用済み自動車をメーカー等が引き取るシステムを誘導（強制）する方法がある。この方式が採用されれば、自動車の放置

は大きく減る。自動車の返還に返還金がつくようなデポジットシステムを構築すれば、ユーザーもみすみす自動車を放置することもなくなる。また、メーカーは引き取った使用済み自動車の回収コストを引き下げるために、これを簡単に処理でき、また容易にリサイクルできるように自動車の設計・生産システムを変えていくことも期待できる。

　この事業者引き取り方式は、簡単に思いつくアイディアであるが、難しいのは、このシステムをどうやって実現していくかである。メーカー側は新たな負担を負うことでもあるから、自らが進んで実施するということはほとんど期待できない。全国流通している自動車を一自治体がエリア限定でシステムをつくれるかという問題もある。

　それゆえ、条例に「メーカー等はデポジット制度を採用し、回収に応じる義務がある」と書いても、ほとんど意味がない。この文言を実効させる裏づけが伴わないからである。

　そこで、このアイディアを実現するために裏付けの施策や事務事業を考えていくことになる。設問の条例化では、他者働きかけ型政策を中心にできる限り多彩なメニューを用意していくことになる。

《ポイント３》橋頭堡をつくる

　同じ政府とはいっても、国と違って一自治体だけでできる範囲は限られている。条例には地域的な制約という限界もあり、自治体の力量（資源、権限）にも限界があるからである。そこで、まず自分たちの資源・権限でできる制度や仕組みをつくり、そこから次につなげていくことになる。

こうした漸進的な手法は、社会経済システムの変更ではよくあることで、なにも条例だけが使う手法ではなく、国の法律でも常態的に用いられている方式である。ここではその優れた実践例として、NPO法をあげておこう。

　今後の日本が目指すべき社会は、政府だけが公共を担う社会ではなく、NPOなどの民間公益セクターも公共を担う複線型・重層型の社会づくりである。この点については異論がないと思う。では、こうした社会をどのようにつくっていけばよいか。

　法律でそういう社会をつくろうと書くだけではもちろん実現できない。そこで、NPO法が考えたのは、こうした公共の担い手となるNPOを簡単にたくさんできる制度をつくることで、新しい公共の担い手を育てていこうというものである。新しい担い手が増えてくれば、目指すべき社会に一歩ずつ近づいていく。法人格の付与ならば国の権限、資源でつくることができるから、ここを橋頭堡として、次のあるべき社会づくりを目指そうという戦略である。NPO法は、こうした戦略性を持った法律である。条例づくりでもこうしたことを考えていかなければならない。

　では、設問の放置自動車ではどうか。自動車が放置されない制度や社会経済システムづくりにつながる橋頭堡で自治体ができるものには何があるか。

　(1) 自動車業界が路上放棄車処理協力費用の一部を負担するシステムである。これは横浜市が先鞭をつけたが、まず責任の一端を負担するところから始めようという試みである。

　(2) そこまでいけなければ、放置自動車対策について、行政と業界が共同で調査・研究する場を設置すると

いう方式もある。まずは同じテーブルにつくところから始めようというのである。

(3) 放置自動車の発見や防止キャンペーンなどを共同して行うというものもある。これは一緒に行動するところから、問題意識を共有していこうというものである。

それ以外の方法もあるが、要するにポイントは、次の展開の足がかりにするという戦略をもって最初の一歩に取り掛かることである。その橋頭堡が堅固なものか、ほんの手がかりにすぎないものにとどまるかは、まさに自治体と政策マンの力量次第である。あせらず、できるところから始めていけばよいと思う。

この橋頭堡は設問の条例づくりのハイライトになろう。

《ポイント４》相手が乗れる法的構成を考える

放置自動車については、本来、「一般廃棄物として市町村が処理をするべき対象ではなく、拡大生産者責任の考え方に基づき、製造事業者等の責任の下、関係事業者間において処理されるべきものである」（『使用済み自動車の減量化・リサイクルの推進に関する意見』全国市長会　2001年9月）。明快な主張で、自治体もこの立場でメーカー等の責任を追求していくのが本筋である。

しかし、現実の政策課題の多くは、スジを通したからといって実現できるものではない。放置自動車でいえば、高学歴で意識が高い企業人は、問題点もよく把握しているし、環境問題の重要性についてもよく理解している。しかし、だからといってご指摘のとおりに改めましょうということにはならないのである。激しい企業間の生き残り競争を戦っている彼らには、理念が正しいからといって簡単には乗り換えることができないからであ

る。乗り換えには時間もかかるし、条件の整備も必要である。要するにスジだけでは硬すぎて、なかなか飲み込めないから、よく煮込んで柔らかくする必要があるのである。

　横浜市が嚆矢となった路上放棄車処理協力会からの協力金制度は、スジを煮込んで柔らかくした制度である。この制度はその名のとおり協力する制度で、厳密にいえば、自動車工業会（路上放棄車処理協力会）が出す費用は拡大生産者責任に基づく費用ではなく、あくまでも協力するというスタンスにとどまっている。しかし、全く責任を認めていないわけではない。処理費用を負担するというのは事実上責任を認めているからである。

　こうした解決方法は事業者責任をあいまいにするという批判もあるだろう。その通りだと思う。しかし、批判だけでは新たなシステムはむろん橋頭堡をつくることもできない。自治体の力量で可能な橋頭堡をともかく確保したうえで、批判は次のステップに歩を進めるときのテコに使うのが実践的である。この段階の批判ならば相手方も乗れる余地がある。政策現場でも社会生活でも、名をとるか実を取るかで悩ましい判断に直面することがあるが、基礎自治体の政策づくりでは実を取ることを優先すべきである。

《ポイント５》他自治体への波及を戦略する

　首長も政策担当者も、他自治体の政策動向は気になるものである。これは横並び主義という消極的な面も否定できないが、他都市に負けたくないという自治体間競争の表れでもある。この自治体間の競争が、政策レベルを押しあげることになる。

　ここでは、私が関わったリサイクル条例を例に見てみ

よう。1992年前後に相次いでつくられたリサイクル条例は、この都市間競争が効果的に働いた例である。

　1991年に廃棄物処理法の大改正があり、廃棄物政策が従来の焼却・埋立処分中心のごみ処理から、減量・再生のリサイクル処理へ転換した。これを受けて各自治体がリサイクル条例づくりを競うことになった。

　首都圏では、廃棄物問題の悩みはどこの都市も共通で、それゆえ各都市は政策的には競争関係にある。

　リサイクル条例の制定問題で、最初に口火を切ったのは東京都であった。東京都の場合は最終処分場の残容量がわずかであるため、ごみの減量化、リサイクルに大きく踏み出す必要があったためである。この時の市民運動は、署名運動、対案づくりと鮮やかな活動で条例づくりをリードしたが、それが東京都の意向とも合致し、先進的な条例ができあがった（東京都廃棄物の処理及び再利用に関する条例　1992年6月）。

　このなかで、私がいた横浜市はどのように考えたか。

　横浜市の場合は、焼却工場も余力があり、埋立地もまだまだ残っていて、リサイクル施策へ転換しなければならない切迫感はなかった。しかし、ここで大きな判断要素となったのが東京都の動向であった。先発の東京都が先進的な条例をつくっているなかで、それよりも後向きの条例では、横浜市の姿勢が問われてくる。そう考えた横浜市は、東京都を越えるべく、新たな視点で、より先進的な条例づくりを目指したのである。

　その一例が、再生利用等促進物の指定という制度であるが、これは商品の製造、販売を行なう事業者に回収の責任を負わせることによって、廃棄物の発生段階からのごみを減量化、リサイクルしようとするもので、自治体として製造・流通過程に踏み込もうとした規定である。

ともかく東京都を越える条例というのが、首長以下の暗黙のプレッシャーだったことを担当者であった私は鮮明に覚えている（横浜市廃棄物等の減量化、資源化及び適正処理等に関する条例　1992年9月）。

そして、この流れが川崎市に引き継がれることになる。

川崎市はある意味では、ごみ処理の先進都市で、ごみの収集は毎日、全量焼却体制を取っている。ごみ処理が直営体制のなかで、委託や業務量の減少につながる減量化やリサイクルへは容易に転換できないという事情があるが、東京都と横浜市に挟れて、後塵を拝するわけにはいかず、川崎市もほぼ同様な条例を制定している（川崎市廃棄物の処理及び再生利用等に関する条例　1992年12月）。そして、この流れが全国の流れになっていった（例えば、千葉市廃棄物の適正処理及び再利用等に関する条例　1993年3月など）。

このリサイクル条例は一例であるが、こうした都市間競争が、階段を一歩ずつ上るように、全体のレベルを引き上げていく。それがひいては国の政策を変え、社会経済システムを変える契機となっていく。

設問の放置自動車対策として、1991年7月よりはじまった路上放棄車処理協力会の協力金制度は、波紋が広がるように全国に連鎖していき、1998年度には13,000台程度の路上放棄車に対する費用負担協力を行うようになった。それが2002年7月の自動車リサイクル法にまでつながっている。

このように他都市にインパクトを与え、流れをつくり、全体のレベルを押し上げていくように仕向けていくのが自治体の基本戦略のひとつである。設問の条例化では、こうした戦略性の手段として、積極的な情報提供の

規定、処理状況の公表といった規定を置くことが考えられる。

《ポイント６》都市間で連携する

　都市問題の多くが社会経済システムに起因する以上、どこの都市でも問題の本質や構造は同じで、それゆえ自治体が共同して取り組むことが可能である。さらに、社会経済活動は行政区域内で完結するわけではなく、自治体の範囲を超えて行われていることから、むしろ広域的に取り組むほうが好ましい。

　地方自治法では、自治体の区域を越えて事務を総合的かつ計画的に処理する方式として、事務組合（第284条）、法律上の協議会（第252条の2）、広域連合（第291条の2）といった制度がある。

　また法律によらない事実上の協議会も盛んに行われている。放置自動車問題でいえば、全国の自治体で構成される全国都市清掃会議や、政令指定都市等で構成される大都市清掃協議会、首都圏八都県市で構成される八都県市廃棄物問題検討委員会などといった会議で取り上げられている。その他、随時、必要に応じて関係都市間で事実上の協議会が開催される。また市長会、町村長会といった会議もある。

　通常は、こうした場を使って、都道府県→国へと要望をあげていく。例えば、放置自動車等の要因になっている、「一時抹消された車両の把握、所有権者の確認手続等の見直し」の要望もそのひとつである（『使用済み自動車の減量化・リサイクルの推進に関する意見』2001年9月　全国市長会）。

　ただ、こうした協議会等の活動は、どうしても自治体間の情報・意見の交換や国や経済団体等への要望行動が

●戦略性のレッスン

中心となる。例えば、私も首都圏サミットの事務局を担当したことがあるが、取り扱う内容は、共同調査か市民や事業者に対する普及・啓発施策までであって、七都県市（当時）が共同して行う条例づくりや共同行動はほとんど行われなかった。たしかに年数回集まるだけの会議体が、こうした施策に取り組むのは限界があるからである。

とすると、自治体が集まって共同行動するには、それなりの仕組みが必要である。その提案としては、私はテーマごとの共同プロジェクト方式が有効性が高いと考えている。共通テーマについて、一定の期限を限り各自治体から人を出し、共同プロジェクトを組んで課題の検討を行い、国や関係団体等との交渉を行って事業を進めるというものであるが、この方式は推進力や機動性という点で実践的だからである。

設問の条例化では、都市間連携の条文等を設けることが考えられる。

《ポイント7》国と連携する

■対峙から協働へ■

従来の政策法務では、国は対峙する相手方と考えられている。自治を妨げているのが、国（法律）と考えるからである。しかし、すでに述べたように、問題の本質はもっと広範でその根は深い。

私のまちづくり条例ができなかった最大の原因は、自治体のまちづくりを制約する法律があったからではない。多くの市民は、一方では快適で質の高いまちづくりを望むが、他方では、それで自分の土地の利用売買が制約されるのはやはり割り切れないという交錯した心情を

持っているが、こうした葛藤を乗り越える夢や展望を自治体（政策担当者）として示せなかったためだと思う。自治体のまちづくりでは、都市計画法や建築基準法といった国法よりも、この国法を支えている市民や事業者の意識やそれを基礎とする社会経済システムが、最大のハードルである。

　したがって、この市民意識を「遅れている」と批判するだけでは解決にならない。「ドイツでは……」といっても自治の政策現場では答えにならない。こうした心情を止揚するだけの立法事実を自治体が組織化し、積み上げることが、この堅固なハードルを乗り越える方法である。

　要するに、対峙すべきは、こうした意識や社会経済システムであるから、この部分に切り込んで新しい公共社会をつくるには、国と対峙するだけでは前に進まない。時には国との協働や連携も必要になる。それには政策法務を国やその他の政策主体（企業、NPO）を巻き込んだ、規制という発想だけではない、協働の思想を取り込んだものに転換することが必要である。これが「創造型の政策法務」だと思う。

■全国化のメカニズム■

　では国を巻き込む方法であるが、国の政策づくりの代表的手法は、地域で実験的に先行させてそれを全国化するというものである。シビルミニマムに絡む政策は、国が一方的・権力的に決定し実施することは難しいから、おのずと地方における先進的な試みを取り上げて、これを全国化・平準化する方法がとられることになる。そのために自治体間競争を仕向け、後押しするための装置が奨励的補助金や税制措置等である。

●戦略性のレッスン

そこで、自治体としては、この政策形成パターンを逆手にとって、国の政策をリードしていくのが最もオーソドックスであろう。幸い、国の中では各省庁間でも政策競争を行っているから、これも利用できるだろう。2002年の自動車リサイクル法の制定も、自治体の小さな取り組みの積み重ねが影響を与えている。

　ささやかであるが、私にも自治体における取り組みが全国事業となった経験がある。サウンドスケープという事業であるが、それまで制御の対象であった音を風景全体のなかで捉え直してみようというもので、騒音行政を規制行政からまちづくり行政に転換するものである。その元気づけのために、地域にある音風景を選定する事業（横浜音風景）を行ったが、各地のこうした取り組みが環境庁の音風景百選事業という事業につながっている。この仕事で感じたことはたくさんあるが、国との関係では、「国というのは全国化できる事業を探している」ということであった。

　設問の条例化では、国との連携の条文が考えられよう。

《ポイント８》見直しを行う

　最近の条例には見直し条項を取り入れるものが増えてきた。条例づくりの実際では、条例の制定には全力をかけるが、制定後は担当者が変わり、時代が変わるなかで、急速に関心が薄れ、条例がなし崩し的に後退してしまうことがある。そこで、条例に見直し条項を入れて、常にリフレッシュするのはよいアイディアだと思う。

　ただ、見直し規定については、不要説も根強い。条例が時代のニーズに合わなくなれば廃止し、内容的に不都合ならば、その都度、改正するというのはあまりに当然

のことだからである。しかし、実務において、条例の見直しをするということは、そう簡単ではないことを考えると、機械的に見直しの検討に入るという見直し規定は積極的意義を持つといえよう。必要説のほうが説得力を持っているように思う。なお、見直しを適切に行うには、条例の進行管理は欠かせないから、設問の条例化では、見直し規定やそれを担保する進行管理や定期報告等の規定の条文化が考えられる。

《ポイント９》首長のリーダーシップ

　放置自動車をすばやく処理する条例を制定し、処理経費として路上放棄車処理協力会からの協力金を使うという方式は横浜市が最初であるが、こうしたことができたのは首長のリーダーシップが大きかったと思う。

　（１）錯綜する法律があり、多数の利害関係者がいるにもかかわらず、ともかく自治体で一元的に対応しようという判断は、簡単にできることではない。なぜならば実務では、最初に声を出したところが、結局、後始末をしなければいけなくなるからである。こうした狭い利害を乗り越えて大局的な立場から政策決定するには、首長のリーダーシップが不可欠である。

　（２）横浜市のケースで特筆すべきは、放置自動車の処理経費にできる限り税金を出さないという判断である。通常、「町をきれいに」という市民の声に押されると、市費を出しても片付けてしまおうという判断になりがちである。当時の横浜市長は、建設官僚出身で就任当初は開発型の市長といわれたが、こうした判断・決定をしたことは立派なことだと思う。要するに自治の政策現場は人を育てるということなのだろう。

　（３）同時に、事業者側もさすがである。あるべき社会

の実現や産業社会の将来をにらんで、路上放置自動車の処理に事実上の責任をもつことを決断した事業者の判断も見事だと思う。

これらの判断が、10年後の自動車リサイクル法につながっている。

最近、厳しい財政状況を反映して、リストラ型の首長がもてはやされるが、真のリーダーとは次の時代を展望して、その実現に歩を進めることができる人だと思う。

設問の条例化では、首長の責務規定にどれだけの内容を盛り込めるかがポイントになる。

《ポイント10》次の時代を展望する

放置自動車条例の目的は、直接的には放置自動車の撤去であるが、間接的には自治体と事業者との新たな関係をテコにして、自動車が放置されない社会づくりにつなげていくものである。しかし、これは放置自動車だけに限定された問題ではない。つまり、事業者が製造・販売した物の回収に責任を持つというルールは、何も自動車だけに限定されるものではなく、他の業種や物にも当てはまるからである。要するに自動車でできれば他の業種でもできるということであるから、自治体と事業者（路上放棄車処理協力会）との間の新たなルールは、実は裾野の広い、射程距離の長い決定で、社会経済システム全体の転換につながるルールである。繰り返しになるが、こうした広い展望を持ちながら、身近なところからシステムづくりに取り組むのが自治体政策マンということになる。

4 市民化のレッスン

1 必要性

■政策法務の権力性■

　政策現場で市民やNPOと話をしていると、意外なことに戸惑うことがある。法務もそのひとつで、彼らは法務に対して警戒的なのである。おそらく法務が持つ権力性に、ある種の危険なにおいを感じているのだと思う。

　むろん、政策法務がめざすところは、その逆の市民的なものであるし、また政策法務を推進している人たちが、権力的に政策を実現しようと考えているわけではないこともよく知っている。

　しかし、政策法務は、強要性を中核とする法務を使って政策を実現するものであるから、政策法務には、権力的に市民や企業を従わせるという発想が内在しているのも事実である。こうした発想が脱線して、法をもって市民を統治するという発想に転換しやすい。なによりも政策法務の原点である自治そのものが、自治の現場においては決して揺るぎないものではなく、時には市民に対峙するものだからである。とりわけ性急な成果が求められる今日の行政においては、その危険は小さくない。こうした国や企業に向かっていたベクトルが市民に向うのではないかとの市民の危惧は、過小評価すべきではないと思う。

　その意味で、政策法務の市民性は重要なテーマで、政策法務が権力性へ反転しない仕組みづくりを考えなけれ

ばいけないだろう。したがって、政策法務の市民化は、単に立法技術の市民への伝授という皮相的・表面的な話ではなく、自治の本質や政策づくりの基本にかかわる基本的・根源的な問題である。

■市民が参加しないと法務ができなくなった■

　政策法務を主唱する松下圭一先生によると、政策法務は30年以上前から主唱されているとのことである。この時代は、公共の担い手は政府（国）のみと考えられていた時代で、政策法務も国法との対峙が主たる内容となろう。

　しかし、政策現場はこの30年間で大きく変化している。社会の成熟化に伴って、従来型の上からの権力的・規制的な手法が通用する政策領域（規制領域）が相対的に狭くなってきているのに対して、政府と市民・企業が協力・協調しなければ解決できない政策領域（協働領域）が広がってきたのである。

　その典型例が環境問題である。公害行政ならば、公害発生源である工場等を規制・指導することで、公害を防止できたが、環境問題になると権力的・規制的手法だけでは問題解決ができなくなる。例えば、自動車から排出されるNoxや地球温暖化の原因であるCO_2を見ればわかるように、問題の原因は身近かつ日常的で、しかも、市民は公害の被害者という単純な位置付けではなく、被害者であると同時に環境破壊の加害者でもあるという両面性をもっている。したがって環境問題にあっては、市民一人ひとりが主体的に参加し、日常的で実践的な活動を行うことが問題解決のかぎとなってくる。

　かように政策の性質や相手方が変化しているなかで、政策の実現手段である法務も変化するのは当然で、政策

政策領域の変化

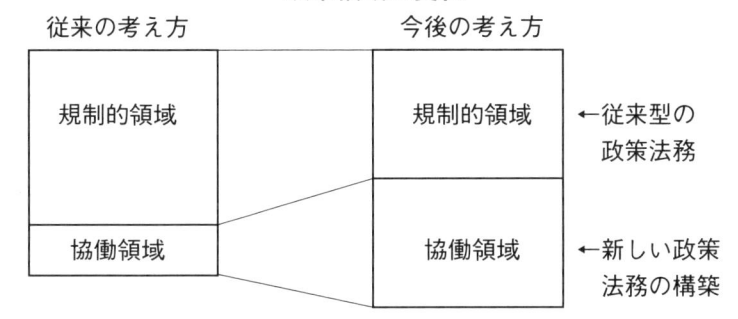

従来の考え方	今後の考え方	
規制的領域	規制的領域	←従来型の政策法務
協働領域	協働領域	←新しい政策法務の構築

法務についても今日的な再構築が求められる。

■自治体の強みは何なのか■

　基礎自治体（職員）にとって、市民が重荷だと感じるようになったら、これは致命的である。

　国や都道府県と違って、権限や資源が乏しい基礎自治体が、その唯一の強みを発揮できるのは、市民と連帯できたときで、市民が背後にいる政策は、法律の形式的文言を乗り越える強い正当性を持つが、市民と背理した政策は、たとえ法律に叶っていても正当性を持たないからである。こうした市民との連帯は、市民と離れた位置にいる国や都道府県では求めてもできないことで、基礎自治体はこの有利な条件を活かさなければいけない。

　したがって政策法務についても、市民との連帯を真正面から考えていく必要がある。それは立法技術の公開といった表面的なものにとどまらず、条例等の制定、実施、評価過程すべてにわたって、公開、参加・協働するという本格的な取り組みが必要である。

　最近になって市民が条例に関心を持つようになり、実際にも条例を提案しはじめるようになった。たしかに、NPOのメンバーをみると、研究者や民間企業・役所で

専門的業務に従事していたという人が数多く参加していて、知識、情報という点でも行政を超えるNPOも生まれ始めている。同時に、情報手段の発達（インターネット）や情報公開の進展で、市民も容易に情報を取得できるようになった。

行政が政策を独占できたのは、情報と専門性があったためであるが、いずれの面でも行政の優位性が崩れはじめている。ただ、これは自治体にとっては危機ではなくチャンスである。こうした市民・NPOと協働できるようになったということであり、資源・権限とも劣る基礎自治体が国や都道府県との政策競争に勝つための切り札でもあろう。

2 市民化のヒント

■公共共担論から■

こうした政策法務の市民化について、次のように考えると頭の整理がつくと思う。

これまで日本の法制度は、公共は政府が担当し、私的領域は民間が担うという公私二分論で組み立てられてきた。例えば、公共を担う公益法人の設立は主務官庁の裁量に委ねられているが（民法34条）、これは公共は政府が専担するという表明でもある。そのほか、憲法89条の公金支出の禁止も、公金は政府のコントロールが及ぶところにしか支出できないということで、これも公共は政府が担うという枠組みの表れである。

むろん、こうした考え方は実態に合致していないし、その枠組みを押し付けていくと、好ましくないことも起こってくる。

そこで、私は、従来の政府＝公共、民間＝私的利益と

いうとらえ方を分解して、担い手（政府と民間）と目的（公共と私的利益）を分けてみたらどうかと考えている。それを図解したのが図表2—7であるが、これによると、公共は政府の専担事項ではなく、民間（NPOなど）も公共を担っていることがわかる。公共を政府と民間が担っていることから、私はこれを公共共担論と呼んでいる。

　公共を国・自治体と同時に市民・NPOが担うということは、政策も国・自治体とともに市民・NPOも作っていくことになる。両者が公共を担っていることから、政策づくりをめぐって自治体と市民・NPOが協働する意味がでてくる。政策を実現する手段である政策法務も政府の独占物ではなく、市民・NPOも政策法務を担い、また政策法務で協働する場面もでてくるのである。

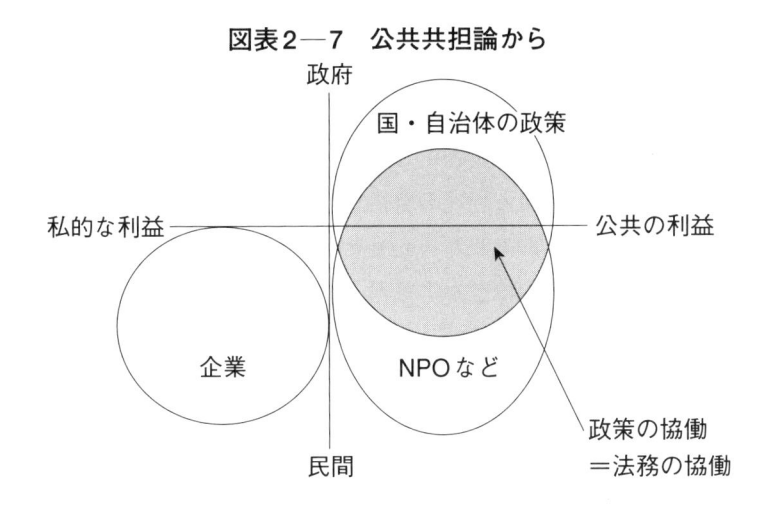

図表2—7　公共共担論から

■NPO法の制定から学ぶこと■

　条例を自治体と市民が協働でつくりあげた例はいくつかあるが、この点については岩手県立大学の高橋秀行さ

んのすぐれた研究があるので、是非とも、それを参照してもらいたい（高橋秀行『市民協働立法』公人社　2002年）。

　ここでは私は、特定非営利活動促進法（NPO法）の制定過程を紹介しよう。市民・NPOの提案が法律の内容決定に大きな影響を与えたもので、条例づくりにおける市民参加・協働を考える際の参考になる。この法律の制定において、なぜ、市民及びNPOの提案が影響力を発揮することができたのかを考えることで、条例づくりにおける市民参加が有効に働く条件を見つけることができるからである。

　図表は、NPO法の制定をリードしたシーズの松原明氏がまとめたものである。市民やNPOの提案で変更になった事項を示している。

●シーズ市民活動法試案で提案されたもの
・社員10名で資金が不要
・毎年1回情報公開を義務付けること
・市民活動法人という名称
・社員の加入脱退の自由
●市民提案で変わったもの
・公益→不特定かつ多数へ変更
・附則の3年以内の見直し
・環境の保全、まちづくり、医療、連絡・助言または援助の追加
・複式簿記から正規の簿記へ
●市民活動制度連絡会が10項目の与党案への修正要望。7項目は実現された

（『日本のNPO2000』の記述より）

　では、NPO法における成功の条件は何か。

第一は、当事者性である。
　この法律は、NPOに対して法人格を付与する法律であり、自分たちの利害に関係が深かったという点である。それ分だけNPOの主張に説得力があり、切実さがあったからである。
　第二は、先見性と情報量である。
　NPOをめぐる制度研究に関しては、NPOなどの民間部門が、この法律制定の事実上の契機となった阪神・淡路大震災の発生以前から、行政に先行して調査・研究を行い、提案を行ってきた。
　大震災後、急速に法律制定に向けて動きが始まったが、それゆえ行政や議員の知識・情報のストックが十分ではなく、むしろNPOの情報量が勝っていた点が、政策形成に大きな影響力を与えることができた要素である。
　第三は、協働関係の構築ができた点である。
　当初は、行政（経済企画庁）主導で始まったNPO法制定は、途中から議員立法となった。議員の場合は、行政と違って、発想の自由さや行動の自由さがある反面、議員自身の情報資源や権限は不足する。これらが議員とNPOとの協働を組みやすくした。
　第四は、大きな利害対立を伴わなかったという点である。
　この法律は、米国型のNPOを目標としてつくられているが、NPO法の制定によって、新たな公共に担い手が生まれてくることは、厳しい財政状況に悩む政府側にとっては好都合となる。この制度を貫く市民の自己責任の原則は、環境・福祉に関する経費増大に直面する経済界にとっても好ましいことといえる。個々には利害対立はあるが、NPO、政府、企業の基本的な利害関係は一致

していた。これは政策づくりの難易度にもからむ問題でもあるが、関係者に大きな利害対立がないことが、政策推進の大きな要因となっている。

　第五に、ターニングポイントでのNPO側が現実的な判断を行った点である。

　どの政策策定（法律制定）にもいえることであるが、不満のない政策（法律）が制定されることはありえない。決定された政策には、必ず不十分な点が残るが、その際、より完全な政策（法律）をめざして、あくまでも要求を続けるか、ともかく政策（法律）を制定させ、運用のなかでその改善を図っていくのかの選択を迫られる場面に必ず直面する。NPO法では、NPOが最終的には、後者の選択をすることで法律制定が行われている。

　以上から、市民やNPOとの協働による条例づくりが成功する条件としては、①当事者性、②先見性と情報量、③協働関係の構築、④大きな利害対立を伴わないこと（共通の利害で一致できること）、⑤現実的な判断を指摘することができよう。逆にいえば、こうした条件をつくりだすのが政策マンの役割であり、他方、NPO側も条件づくりに向けて努力すべき点である。

3 市民化のレッスン

　市民化のレッスンについて、ここでは7つのポイントを示しておこう。

《ポイント1》立法技術の開放

　政策法務の市民化に関しては、これまで指摘されているのが立法技術の開放である。

　たしかに法制執務にまつわる独特な用語や表現方法等は、条例を市民から遠いものとしている点は否定できな

い。その意味で、条例を市民に近づける努力は意味があると思う。その具体的な試みとして、最近では口語体の条例や主語を市民とした条例も出始めている。また振り仮名つきの条文もある。たしかに、ことさら難解な用語や表現を使う必要はなく、誰でも理解できるようにする試みはあってもよいと思う。

　しかし、法制執務は法律内容の正確性、明確性を確保するための一種の決め事であるから、市民化のための改善・工夫にはおのずと一定の限界もある。わかりやすい言葉を使った結果、定義があいまいになってしまっては、結局、市民の利益を阻害することになる。

　政策法務の市民化に関して、市民も法制執務の技術を学ぶべきだという議論もある。たしかに政策提案型のNPOなどには、そういう人が一人や二人はいたほうがよいとは思う。実際、最近のNPOには、弁護士など法律の専門家も参加しているから、これは難しい要求ではないと思う。しかし、こうした技術は市民全員が覚える必要はない。なぜならば、繰り返しになるが、条例をつくるとは条例案文をつくることではないからである。条文の裏づけを固め、動く仕組みをつくるのが条例づくりだからである。市民が学ぶべきは、こうした条例づくりの本質である。

《ポイント２》市民意思の統合

　政策現場にいるとよく分かるが、市民もさまざまである。公共課題に関心を持つ市民もいる反面、公共的なことに関心の乏しい市民も多い。私は、理念型に近い市民が比較的多く住む自治体に勤務していたが、自己の利益だけを強引に主張する市民や、具体的な問題になるとNIMBY（Not In My Back Yard　私のところでは反対）

になってしまう市民にもたくさん出会っている。むろん、すばらしい市民と一緒に仕事をいくつもしたから、「国民は政策の総合的批判者ではあり得ても、一貫性、展望性をもって個別の政策を企画・立案・決定する余力や能力は持っていない。」（原田尚彦『地方政治の法としくみ』学陽書房　2002年）とまで言い切ることはできないが、たしかに公共政策全体にわたって、総合的に考え、計画し、実行する知識と関心を持っている市民は、きわめて少数というのが実情だろう。残念ではあるがこれは実態だと思う。

　すでに述べたように、私はまちづくり条例をつくることができなかったが、それは住みよいまちをつくるという理念では一致できても、各論になると、市民の意思はさまざまで（具体的には土地利用が制約されることに反発する市民も多い）、個々の思いや利害の違いを乗り越えて、基本理念で市民意思を統一することができなかったためである。

　政策法務では、こうした不揃いな市民の関心を統合し、錯綜した市民の利害を止揚して大きな理想のもとに一致させる能力・技術が必要である。

　これは畳の上の水練では養成できない。ワークショップの技術、分かりやすく提示するプレゼンテーション力などを習得しつつ、政策現場でトライアンドエラーを繰り返しながら修得していくことだと思う。

《ポイント３》立法過程の開放

　　NPO法では、①当事者性、②市民・NPO側の先見性と情報量、③協働関係の構築、④大きな利害対立を伴わない、⑤現実的な判断が決め手となった。
　　こうしたことができるには、豊富な情報が提供され

て、市民が取捨選択できる条件が整備されること、そしてそれを実践できる場があることが必要である。そのための情報公開や参加制度の整備が必要になるが、ここでは、その思い切った試みとして、志木市第二市役所を紹介しよう。

志木市の第二市役所とは、正式名称を志木市民委員会といい、「市民が創る市民の志木市」を実現するため、市民自らが行政の運営に関して必要な提言や調査研究を行う組織である（設置要綱第1条）。20歳以上の市内在住・在勤者で、市政に深い関心と熱意のある人ならだれでも参加でき、任期は2年の無償ボランティアである点が特徴である。それでも人口67,000人のまちから、第1期では252人、第2期（平成16年4月から）では139人の市民が参加している。第二市役所といわれる所以は、志木市の部制にほぼ対応して8つの部会があり、市民の立場で事務事業の見直しや提案を行っている点である。

この市民委員会では予算査定も行っており、市長の前で市役所側が出した予算査定とぶつけ合うということまで行っている。こうした市民委員会については評価は分かれるが、重要なのは、市民参加は単なる理念ではなく、こうした具体的な仕組みのもとに実施する段階に入っているということである。

設問の条例化では、どれだけの市民参加手段を用意ができるかがポイントになる。

《ポイント４》共同行動

松下圭一先生も指摘されるように、たしかに国法は論理必然的に、全国画一、省庁縦割、時代錯誤という限界を持つが、だからといって、条例が論理必然的に地域個性を反映し、地域の意思を糾合し、時代をリードするも

のになるわけではない。条例が説得力を持つのは市民の意向や事実に裏付けられたときである。それには、パブリックコメントにかけた程度では、市民的背景・合意があると胸を張れないだろう。市民と共同で立法事実を積み上げることが必要であろう。

　条例づくりでは、できるかぎり市民との共同調査を採用すべきだろう。そうすることで、市民の意見や意向が条例に盛り込まれていく。共同調査をすることで、市民が地域の問題を知るきっかけにもなるだろう。市民・NPOを育てることにもなる。

　また、条例内容の調整も、できるかぎり自治体と市民・NPOが共同で行うべきだろう。国への働きかけでも、国の弱点は市民であるから、市民が参加することで調整力が高まるということもある。事情は事業者に対しても同じで、購買権を背景とする市民の行動は、事業者を動かす場合もあるだろう。

　設問の条例化では、共同調査など共同行動に関する条文化が考えられる。そして、この条項のもとで、市民が積極的に行動できる仕組みづくりを準備することになる。

《ポイント５》立法実施の開放・参加

　一般に条例は、制定当初は市民の関心が高いが、制定後は急速に関心が薄くなる場合が多い。その結果、実施段階で条例の理念が後退し条例の空洞化が起こってくる。

　それを防ぐには立法の実施段階で、市民参加の仕組みを用意することで、市民の関心を維持しておくことが考えられる。また、政策によっては、市民やNPOの参加・協働なしには実施が成り立たないものも増えてき

た。

　こうしたことから、最近では、実施段階における市民・NPOの参加・協働の仕組みが数多く開発されている。典型的なものが市民サポーターや市民監視員制度であるが、設問のケースでは、市民・NPO、企業（タクシー等）に委嘱して、監視員になってもらったり、発見した場合にただちに通報する制度が、多くの自治体で現実に採用されている。

　設問の条例化に当たっては、市民・NPO、企業等の協力規定や、よりストレートに協力員制度の設置の条文を設けることなどが考えられる。

《ポイント６》立法評価の開放・参加

　　立法過程、実施過程と同様に立法評価過程でも市民・NPOの参加は有効である。

　　ここでも、NPO法が参考になる。

　NPO法第28条、第29条では、NPOの事業内容等の外部公開を規定している。

　　第28条では、NPO法人は、毎年初めの３月以内に、前年の①事業報告書、②財産目録、③貸借対照表、④収支計算書、⑤役員名簿、⑥役員のうち前年に報酬を受けた者の名簿、⑦社員のうち10人以上の者の名簿を作成し、これを３年間、主たる事務所に備付けなければならず、また、社員その他利害関係人から、請求があったときは、正当な理由がある場合を除いて、これら書類や定款等は、閲覧させなければならないとしている。

　　また、第29条では、NPO法人は、毎年１回、①から⑦の書類及び定款等の写しを所轄庁へ提出しなければならず、所轄庁は、これら提出された書類等を３年間保存し、閲覧の請求があった場合は閲覧させなければならな

●市民化のレッスン

いとしている。こちらは所轄庁による情報開示に関する規定で、第28条の場合とは違って、閲覧対象者を限定せず、だれでも見ることができる。

要するに、NPO法では、行政によるNPOの管理・監督手段を大幅に減らして、情報を広く市民に提供するとともに、市民相互のチェックによる社会的コントロールシステムを採用している。この試みは、市民・NPOが参加して立案し、市民・NPOが実施の担い手になる協働時代の条例づくりにも応用できるだろう。

設問の条例化にあたっては、こうした市民評価の制度や市民評価を行えるような運用状況の報告・情報公開などの規定が検討の対象になる。

《ポイント7》市民・NPOの支援

市民・NPOがこうした活動ができるには、条件整備が必要である。

NPOに対する行政の支援については、NPOの自立・自助を妨げるとして消極的な考え方も有力である。その言わんとするところはよく理解できるが、NPOが自立できるような制度やマーケットが十分に整っていないかでの支援消極論は、結局は自治体の負担軽減とNPOの自立を妨げる方向にリードしてしまう。

問題は、自立を妨げないで行う支援の仕組みであるが、これについては、多くの自治体でさまざまな試みが行われているので、それを参照してもらいたいが、そのキーワードになるのは公開・説明である。

設問の条例化に当たっては、PR、交流・連携、研修、場所の提供、資金の提供等さまざまな支援施策が考えられる。

おわりに―条例を書いてみよう

　最初の問題に戻って、条例を考えてみよう。ポイントは次の点である。

　(1) 条例化（運用もにらんで）のプロセス（工程表）を書いてみよう。条例も企画・立案、検討、成案のプロセスをとる。放置自動車問題を解決するために、どの時点で何をするかを書き出してみると全体像がつかむことができる。当然、考えるポイントは、戦略性と市民参加である。

　(2) この政策課題全体のスキームを書いてみよう。この問題を解決するためにどんな施策があるか。放置自動車の撤去はそのひとつであるが、すでに述べたように、とりうる施策はそれだけではない。まずは、多くのメニューを出し、その選択がポイントになる。

　(3) 条例の柱のひとつは、所有権の切り離しであろう。しかし、それにも工夫がある。どうせ処理するなら時間をかけず、迅速に処理するほうが好ましい。適切な仕組みも条例の内容になろう。

　(4) 条例案要綱も書いてみよう。この場合、「及び・並びに」などにはこだわらずに、趣旨がきちんと伝わるように書くことである。(1)から(3)の議論がしっかりしていれば、「住民が参加し」と書いても、言外の意味がこもった深みのある条例になるだろう。

　さて、どういう条例になるか。楽しみである。

●著者紹介

松下　啓一

　大阪国際大学法政経学部教授、関東学院大学兼任講師（自治体政策、環境政策）。自治体学会、日本NPO学会会員。

　26年間の横浜市職員時代には、総務・環境・都市計画・経済・水道などの各部局で調査・企画を担当。ことに市民と協働で行ったリサイクル条例策定の経験が、公共主体としてのNPOへの関心につながる。著書は『新しい公共と自治体』（信山社）、『自治体政策づくりの道具箱』（学陽書房）など。『協働と支援の基本ルール「NPO条例」の提案』（ぎょうせい）は、全国のNPO条例づくりに大きな影響を与え、海外でも翻訳出版されている。

　市役所職員をやめ大学教員になって変わったことは、JRへの貢献度が高くなったこと。関西と関東の二股で、教育、研究、NPO活動を行っているが、地域文化の独自性とその大切さをあらためて実感している。

　いま最も力を入れているのが学生教育。授業料に見合う授業をしようと奮闘努力、苦心惨憺しているが、いまだに一喜一憂、試行錯誤、一歩進んで一歩下がるの状態である。また、教員になるにあたって決めた憲章のひとつは、縁あって付き合うことになった学生たちに大学生活の思い出を残すこと。『協働社会をつくる条例』（ぎょうせい）は、その成果である。

（連絡先）matsu@pel.oiu.ac.jp

コパ・ブックス発刊にあたって

　いま、どれだけの日本人が良識をもっているのであろうか。日本の国の運営に責任のある政治家の世界を見ると、新聞などでは、しばしば良識のかけらもないような政治家の行動が報道されている。こうした政治家が選挙で確実に落選するというのであれば、まだしも救いがある。しかし、むしろ、このような政治家こそ選挙に強いというのが現実のようである。要するに、有権者である国民も良識を持っているとは言い難い。

　行政の世界をみても、真面目に仕事に従事している行政マンが多いとしても、そのほとんどはマニュアル通りに仕事をしているだけなのではないかと感じられる。何のために仕事をしているのか、誰のためなのか、その仕事が税金をつかってする必要があるのか、等々を考え、仕事の仕方を改良しながら仕事をいている行政マンはほとんどいないのではなかろうか。これでは、とても良識をもっているとはいえまい。

　行政の顧客である国民も、何か困った自体が発生すると、行政にその責任を押しつけ解決を迫る傾向が強い。たとえば、洪水多発地域だとわかっといる場所に家を建てても、現実に水がつけば、行政の怠慢ということで救済を訴えるのが普通である。これで、良識があるといえるのであろうか。

　この結果、行政は国民の生活全般に干渉しなければならなくなり、そのために法外な借財を抱えるようになっているが、国民は、国や地方自治体がどれだけ借財を重ねても全くといってよいほど無頓着である。政治家や行政マンもこうした国民に注意を喚起するという行動はほとんどしていない。これでは、日本の将来はないというべきである。

　日本が健全な国に立ち返るためには、政治家や行政マンが、さらには、国民が良識ある行動をしなければならない。良識ある行動、すなわち、優れた見識のもとに健全な判断をしていくことが必要である。良識を身につけるためには、状況に応じて理性ある討論をし、お互いに理性で納得していくことが基本となろう。

　自治体議会政策学会はこのような認識のもとに、理性ある討論の素材を提供しようと考え、今回、コパ・ブックスのシリーズを刊行することにした。コパ（COPA）とは自治体議会政策学会の英語表記 Councilors' Organization for Policy Argument の略称である。

　良識を涵養するにあたって、このコパ・ブックスを役立ててもらえれば幸いである。

自治体議会政策学会　会長　竹下　譲

COPABOOKS
自治体議会政策学会叢書

政策法務のレッスン
―戦略的条例づくりをめざして―

発行日	2005年2月22日
著 者	松下 啓一
監 修	自治体議会政策学会ⓒ
発行人	片岡 幸三
印刷所	株式会社シナノ
発行所	イマジン出版株式会社

〒112-0013　東京都文京区音羽1-5-8
電話 03-3942-2520　FAX 03-3942-2623
http://www.imagine-j.co.jp

ISBN4-87299-379-9　C2031　¥900
乱丁・落丁の場合は小社にてお取替えいたします。